그림에서 장애인을 만나다

그림에서 장애인을 만나다

지은이 최대열
펴낸이 성상건
디자인 임서영
펴낸날 2023년 9월 15일
펴낸곳 도서출판 나눔사
주　소 (우)10270 경기도 고양시 덕양구 푸른마을로 15, 301동 1505호
전화 02-359-3429　팩스 02-355-3429

등록번호
2-489호(1988년 2월 16일)
이메일 nanumsa@hanmail.net

ISBN 978-89-7027-899-5 (03330)
값 20,000원

이 도서는 한국출판문화산업진흥원의
'2023년 우수출판콘텐츠 제작 지원' 사업 선정작입니다.

그림에서 장애인을 만나다

저자 • 최대열

나눔사

이 땅의 모든 장애인과 그와 함께하는 가족과 봉사자들을 위하여.

저와 여러분의 장애가 은혜와 축복의 통로가 되고,

사역과 섬김의 도구가 되기를 간절히 소망합니다.

감사의 글

먼저 하나님께 감사드리고, 또한 저를 위해 기도해 주시고 도와주신 모든 분들께 감사드립니다. 이 흉악한 죄인, 연약한 장애인이 이 아름다운 세상을 살고, 더 아름다운 세상을 꿈꿀 수 있게 된 것은 전적으로 하나님의 은혜요, 또 저를 용납하시고 격려해주신 모든 분들의 사랑 때문입니다. 감사, 감사드립니다.

아름다움을 아는 인생, 아름다움을 추구하는 인생, 아름다움을 누리는 인생, 아름다움을 나누는 인생은 아름다운 인생입니다. 저에게 아름다움을 즐거워하는 은혜를 주신 하나님께 감사드립니다. 세상을 창조하시며 좋아하시는 하나님은 영광 받으시기에 합당하신, 진정으로 아름다운 분이십니다. 아름다움이 하나님의 본성이기에 하나님의 형상을 따라 지음 받은 사람 또한 아름다움을 사모합니다.

하나님이 지으신 온 세상에 아름다움이 담겨 있습니다. 우주만물 자연 속에도 아름다움이, 그리고 모든 사람들의 인생과 또 함께 나누는 삶 속에도 아름다움이 담겨 있습니다. 무엇보다 그림을 보면 아름다움을 물씬 경험하게 됩니다. 아름다운 그림을 보면 참 행복합니나. 아름다운 그림을 그린 화가의 인생을 들여다보면 감동이 되고, 그 그림을 보고 아름다움을 나누는 사람들의 이야기를 들으면 또 감동이 됩니다. 저에게 아름다운 그림을 볼 수 있는 계기와 상황을 주신 하나님께 감사드리고, 좋은 그림을 그려주신 화가들, 그리고 함께 그림을 보며 생각과 감동을 나누어 주신 모든 분들께 감사드립니다. 그림을 보며 하나님을 찬양하고, 또 그림을 매개로 하나님 나라를 향한 소망을 함께 품습니다. 모든 것이 은혜입니다.

저는 명성교회 사랑부에서 장애인들과 함께 그림을 그리고, 또 그림을 감상하며 행복한 꿈을 꿉니다. 그림을 보던 어느 날 그림 속에서 장애인을 만났습니다. 그림 속 장애인은 시대와 상황이 바뀌어도 어딘가 모르게 오늘 우리의 모습을 담고 있었습니다. 그들은 세월과 공간과 문화의 간격을 넘어 장애와 함께 살아가는 아름답고 행복한 삶과 사회에 대해서 오늘 우리에게 말을 걸어오는 것 같습니다.

그림 속에 장애인을 담아준 지난 세월의 화가들에게 감사드립니다. 그들의 작품 속에서 장애는 역사가 되고, 예술이 되고, 희망이 되었습니다. 명성교회에서 섬길 수 있게 해주신 김삼환 원로목사님과 김하나 담임목사님께 감사드립니다. 함께 믿음과 소망과 사랑으로 살아가는 사랑부 식구들에게 감사드립니다. 주님의 몸인 교회에서 장애 너머 아름다운 하나님 나라를 맛보며 이 땅에 하나님 나라가 임하기를 간절히 소망합니다.

신학을 가르쳐주신 연세대와 장신대의 옛 선생님들에게 감사드리고, 지금도 몸소 신학함을 가르쳐주시는 김균진 박사님께 감사드립니다. 예술과 더불어 신학을 하고 목회를 하는 예술목회연구원의 연구위원들에게 감사드리고, 장애와 더불어 신학을 하고 목회를 하는 장애인신학회 회원들에게 감사드립니다. 함께 장애인사역을 하는 총회 발달장애인선교연합회, 장애인복지선교협의회 그리고 한국기독교교회협의회 장애인소위원회의 동역자들에게 감사드립니다.

장애아들을 마음에 품고 평생 기도하시는 부모님께 감사드립니다. 또한 사랑하는 아내와 딸과 아들에게도 감사드립니다. 그리고 가까이 지내는 교역자들과 성도들과 친구들에게 감사드립니다. 이 분들이 저의 장애에 따르는 수많은 비용을 사랑으로 감당해 주셨습니다. 하나님의 긍휼의 은혜가 없었다면, 이분들의 사랑의 수고가 없었다면 지금 저의 삶은 없었을 것입니다. 이 땅의 모든 장애인과 그와 함께하는 가족들과 봉사자들 곧 지원사, 복지사, 치료사, 재활사, 상담사, 특수교사 그리고 주위의 이웃들에게 장애가 축복의 통로가 되고 섬김의 도구가 되기를 간절히 소망합니다.

끝으로 이 책을 출간해 주신 나눔사의 성상건 대표님에게 감사드리고, 또 이 책을 우수출판콘텐츠 제작 도서로 선정해 주시고 지원해 주신 한국출판문화산업진흥원에도 깊이 감사드립니다.

2023년 7월 4일

명성교회 은혜교육관에서 최대열 목사

차례

서언

그림에서 장애인을 만나다

인식은 관심의 영향을 받는다. 사람은 대상을 있는 그대로 완전 객관적으로 인식한다기보다는 인식하는 주체의 관심에 따라서 다소 주관적으로 인식한다. 그래서 사람들이 같은 대상을 보더라도 각자의 관심에 따라 달리 인식할 수 있다. 예를 들어 같은 기호나 사물, 사태나 상황을 보더라도 인식하는 주체의 관심에 따라서 달리 주목하고 달리 해석하게 된다. 그림도 마찬가지이다.

게슈탈트 쉬프트(Gestalt Schift) 이론에 따르면, 사람의 인지는 어떤 자극이 주어지면 대상을 하나하나 부분으로 보지 않고, 근접성 또는 유사성 등의 원리에 따라 하나의 의미 있는 전체 곧 게슈탈트로 지각하는 경향이 있다. '루빈의 꽃병'(Rubin vase)처럼 보는 사람에 따라 대상을 달리 지각할 수 있다. 루빈의 꽃병은 보는 사람에 따라 가운데 위치한 컵으로 보이기도 하고, 양 측에 서로 마주보고 있는 사람의 얼굴로 보이기도 한다. 착시(錯視)라고 말할 수도 있지만, 이러한 시각 인지의 차이는 사람의 관심으로부터 나온다.

2차 세계대전 당시에 공군 조종사들은 아군과 적군의 비행기를 빨리 식별하는 훈련을 하였다. 생사와 승패가 걸린 상황이므로 적의 전투기를 빨리 발견하는 일은 절체절명의 문제였다. 사람은 선천적 조건, 태어나 자란 배경, 살면서 겪은 경험, 그리고 지금하고 있는 일이나 취미 등 자신의 관심에 따라 충분히 사물을 달리 보고 달리 해석할 수 있다. 기호 ◉ 하나를 놓고서도 보는 사람에 따라 다른 생각이 떠오를 수 있다. 활을 쏘는 궁수에겐 과녁, 공부하는 학생에겐 연필심, 지도를 만드는 사람에겐 시청, 골동품 수집가엔 옛날 엽전, 제빵사에겐 도넛….

세계를 보는 렌즈(Lens)도 중요하고, 프레임(Frame)도 중요하고, 패러다임(Paradigm)도 중요하다. 어떤 안경을 끼었느냐에 따라서 보이는 세계의 모양과 색이 달라진다. 그런가하면 어떤 프레임을 가지고 있느냐에 따라서 보이는 세계의 크기와 내용이 달라진다. 패러다임도 중요하다. 세계에 대한 지식이 완전히 새로운 전제와 이론으로 구성되고 논의될 수도 있다. 그런데 보다 앞서는 것이 관심이다. 무엇에 또는 어떤 관심이냐에 따라 무엇이 보이기도 하고, 어떻게 보이기도 하고, 새로운 패러다임의 전환이 일어나기도 한다.

개인적으로 신혼 초 아내가 임신을 하자 거리에 배부른 임신부들이 눈에 들어오기 시작하였다. 아이를 낳고 유모차를 밀고 다니게 되자 거리에 유독 유모차들이 눈에 쏙쏙 들어왔다. 분명 이전에도 거리에 임신부와 유모차가 있었을 것이다. 그러나 이전의 내 삶에서 별로 관심이 없었으니 보아도 무심하게 지나쳤던 것이다. 그러나 나의 삶에 관심이 생기고 나니 눈이 가게 되고, 또 보다 눈여겨 보게 된다. 더 나아가 용기 내어 육아에 대해 묻게도 되고, 주제넘게 어설픈 지식을 전해 주게도 된다. 인식은 관심에서 비롯된다.

그림 속 장애인에 대한 관심

언제부턴가 그림을 보면서 장애인이 눈에 들어오기 시작했다. 그것은 무엇보다 내가 장애인이기 때문이고, 또 장애와 함께 더 나은 삶, 더 나은 사회를 소망하기 때문일 것이다. 그래서 일부러 그림 속에서 장애인을 찾게 되었다. 장애인으로서 장애 의식을 가지고 그림 속 장애인의 삶을 살펴보고 싶어졌기 때문이다. 그리고 그것을 계기로 오늘 우리 사회에 장애와 관련하여 유의미한 담론을 전개하고 싶었다.

자신의 관심, 자신의 관점에서 그림을 보려는 시도는 자연스럽고도 당연한 일이다. 이런 시도가 비단 나만의 시도는 아닌 것 같다. 작품이 작가의 손을 떠나면 모든 관객 곧 관객 각자의 것이듯이 그림을 보고 감상하고 해석하고 적용하는 것은 관객의 몫이기도 하다. 그림 해석에는 다양한 방법들이 존재하는데, 그 의미는 그것에 접근하는 방식 곧 관객의 관심에 달려 있다.[1] 진중권은 작품을 보며 스스로 질문하고 스스로 답하는 창조적 독해를 제안한

바 있다.[2] 근자에 국내에서도 불일 듯 일어난 '인문학 르네상스' 속에 그림에 대한 접근들도 다양하다. 그림에 대해 보편적 관심사인 미(美)를 넘어서 각자의 관심사 곧 역사, 종교, 경제, 여성, 과학, 의학 등에 초점을 맞추어 접근한 시도들이 많다.[3] 나의 이 작업도 그런 흐름 속의 하나이다. 나는 장애인에 대한 관심, 장애라는 관점에서 그림에 접근하고 그림 속에서 장애인의 존재를 찾고, 오늘 우리의 삶을 위하여 장애에 대해 이야기해 보고자 한다.

비장애인들의 눈에는 그림 속 장애인들이 잘 보이지 않을 수 있다. 혹 보이더라도 대수롭지 않게 넘길 수 있다. 그러나 장애나 장애인에게 관심을 가지고 있는 사람에게 그림 속 장애인은 그들의 존재와 생활, 소망과 개혁에 관하여 더욱 많은 것을 알려준다. 그런 관점에서 그림 속 장애인은 나에게 무언가 말을 걸어오는 것 같다. 이 글은 그림 속 장애인에 대한 연구이다. 이 글은 그림 속에 묘사된 장애인을 매개로 화가와 그의 시대의 장애인의 생활, 장애와 장애인에 대한 인식, 그리고 무엇보다 오늘 장애인과 함께 살아가는 사회에 대한 희망을 찾아보고자 한다.

장애인을 그린 그림이 많지 않다. 그도 그럴 것이 역사적으로 장애인은 사회에서 주류가 아니라 주변이었고, 지난 세기에 이르러서야 비로소 사회적 관심의 대상이 되었기 때문이다. 미술의 역사를 보면, 옛날 그림의 대상은 주로 신이나 왕 또는 성인이나 영웅이었다. 르네상스를 지나서야 대상이 서민으로 확대되었고, 장르도 역사나 자연 등으로 확장되었다. 장애인은 그림의 대상으로 거의 주목받지 못했다. 물론 이전에도 많은 사람들이 장애를 겪으며 살았다. 개인적으로 뛰어난 업적을 이룬 장애인들도 있었고, 장애인에 대해 남다른 연민이나 의식을 가진 인물들도 있었다. 그러나 오늘날과 같이 장애인의 인권과 복지, 사회적 참여를 생각하며 장애를 사회적 주제로 생각하지는 않았다.

사람마다 평가가 갈릴 수 있지만, 인류의 역사는 대체로 발전에 발전을 거듭해 왔다. 과학, 의학, 산업, 문화, 예술, 정치, 스포츠 등 사회 전반에서 인간의 의식이 고양되었다. 장애에 대한 의식도 그렇다. 오늘날의 장애에 대한 의식을 이전 어느 시대의 것과 비교하기는 곤란하다. 한 세기 전만 하더라도 장애인은 대개 사회의 주변인이었으며 사회에서 차별받고 소외당하였다. 그러므로 이전의 그림 속에서 오늘의 장애인에 대한 인식을 찾고자 하는 작업은 무모한 일일 수 있다. 그럼에도 불구하고 장애인에 대한 인식과 장애에 대한 의식의 변천 과정은 추적해 볼 가치가 있다.

그림은 아름다움을 표현하고, 아름다움을 발견하고, 아름다움을 향유하는 예술작업이자 예술작품이다. 그 아름다움은 현실과 무관한 아름다움이라기보다는 현실에 기초한 아름다움이며 현실의 삶을 담고 있고, 또한 현실에 영향을 미치는 아름다움이다. 그러기에 아름다움을 발견하고 향유하며 감동을 받고 영감을 얻고, 아름다움을 추구하고 아름다운 세계를 꿈꾸게 된다. 그런데 역사적으로 오랫동안 장애인은 그 아름다움의 영역에서 많이 소외되고 차별당하였다.

그런 차원에서 이 작업은 또한 장애에 대한 미학적 질문을 제기한다. 누가 왜 무슨 근거로 장애를 추하다고 말하는가? 앨리슨 래퍼(Alison Lapper, 1965~)는 장애를 가진 자신의 몸으로 아름다움을 표현하였다.[4] 흑인신학이 블랙(Black)이 아름답다고 주장하듯이 장애신학 또한 장애(Disability) 역시 충분히 아름다울 수 있음을 주장한다.[5] 장애미학은 건강한 신체를 아름다움의 유일한 결정요인으로 표현하는 것을 거부한다.[6] 장애에는 고통과 불편이 따르기도 한다. 그러나 인생의 모든 부분이 그러하듯 주어진 장애에 대해서도 그것의 의미와 아름다움을 찾고 함께 나눌 수 있어야 한다.[7] 장애 또한 충분히 아름다울 수 있으며, 장애를 가진 인생 또한 아름다운 인생이 될 수 있다. 아니, 이미 충분히 아름답다.

미술 작품이라는 것이 인간의 실존과 현실 세계에 근거하고 있기에 작품은 화가의 생애와 실존, 그 시대의 역사와 문화를 담고 있다. 물론 때로 천재적인 화가들이 실험적인 작업으로 시대를 앞서기도 하고 시대를 넘어 보편적인 작업을 수행하기도 하지만, 그러나 대개의 미술 작품은 그의 시대를 배경으로 하며 그 시대의 문화와 사상을 담고 있다. 그래서 미술 작품을 살펴보면 그 시대의 역사와 사회와 문화가 보이기도 한다. 미술사학은 화가의 생애와 시대적 배경과 관련하여 작품을 해석하고 의미를 찾고자 한다. 미학은 미술 작품이 오늘 우리에게 전해주는 아름다움의 의미를 전달하고, 비판 내지 공감하며 그 아름다움을 공유 내지 향유하고자 한다.

그림 속 장애인에 대해서도 마찬가지다. 그림 속 장애인은 당시 장애와 장애인에 대한 의식과 문화를 반영하고 있다. 그림에는 당시 사회에서 장애인이 어떤 취급을 받고 어떤 삶을 살았는지 추정해 볼 만한 단서들이 담겨 있다. 또한 그림을 통해 화가가 장애인을 어떻게 생각하고 대하였는지도 추정해 볼 수 있다.

미술사 속의 장애인 화가들

앞서 소개하였듯이 장애인에 대한 사회적 관심은 비교적 근자의 일이다. 인류 역사의 대부분은 장애인에게 무관심하였다. 그래서 미술 작품에서 장애인을 발견하기란 쉽지 않다. 장애인에 대한 관심이 커진 지금은 그나마 작품 속에 장애인이 종종 등장하기도 하고, 또 예술에 관심을 갖는 장애인도 점차 증가하고 있다. 그럼에도 불구하고 장애인 예술에 대한 사회적 관심이나 지원은 여전히 열악한 수준이다. 방귀희는 한국의 열악한 장애인예술의 실태를 고발하며 보다 적극적인 정책과 지원을 촉구한 바 있다.[8)]

확실한 것은 옛날은 지금보다 훨씬 더 열악하였다는 사실이다. 장애는 미의 대상이나 주제가 되지 못하였고, 장애인 또한 예술 활동을 하기에는 불편하고 불리한 것이 너무나도 많았다. 그렇다 보니 장애인 화가가 장애인을 그린 작품도 별로 없다. 이 책에서 그림 속 장애인을 짧게 소개하는 것은 지면의 분량도 한 이유지만, 실제로 장애인을 주제로 그린 작품이 많지 않기 때문이기도 하다. 미술사에서 보면 종종 장애인 화가들이 있다. 그도 그럴 것이 장애라고 하는 것이 특정인의 전유물이 아니기 때문이다. 누구나 살다 보면 장애를 겪기도 하고 장애인이 되기도 한다.

역사적으로 장애인 화가로 추정할 만한 사람들은 대략 다음과 같다. 이탈리아 초기 르네상스 화가 핀투리키오(Pinturicchio, c. 1454~1513)는 본명 베르나르디노 디 베토(Bernardino di Betto)로 불리지 않고 '키가 작다'는 뜻의 핀투리키오로 불렸다. 겨울 그림을 전문적으로 그렸던 플랑드르 화가 헨드릭 아베르캄프(Hendrick Avercamp, 1585~1634)는 언어와 청각에 장애를 가지고 있었다. 그래서 그 역시 본명보다 언어장애인을 뜻하는 '데 스토메'(de Stomme) 또는 '데 스톰'(de Stom)이라는 별명으로 자주 불렸다. 17세기 볼로냐 화파를 대표하는 구에르치노(Guercino, 1591~1666) 역시 조반니 프란체스코 바르비에리(Giovanni Francesco Barbieri)라는 본명 대신 '사시'(斜視)를 의미하는 구에르치노라는 별명으로 주로 불렸다. 당시는 오늘처럼 신체적 손상에 대한 정확한 기준이 없었기에 이들을 장애인이라고 단정지을 수는 없지만, 그들의 신체적 특징에 따라 별명으로 불렸다는 점에서 그들이 사회적 장애를 겪었음을 충분히 추정해 볼 만하다.

장애인 화가로 알려진 사람들이 있다.[9] 프란시스코 고야(Francisco de Goya, 1746~1828)는 1792년 심한 열병 끝에 청각장애인이 되었고, 개인적 고뇌와 사회정치적 혼란 속에 비판과 괴리를 느끼며 정신장애도 겪었다. 오귀스트 르누아르(Auguste Renoir, 1841~1919)는 말년에 극심한 류머티즘 관절염으로 손가락을 연필에 묶어서 그림을 그렸다. 빈센트 반 고흐(Vincent van Gogh, 1853~1890)는 정신적인 장애를 겪었다. 툴루즈 로트레크(Henri de Toulouse-Lautrec, 1864~1901)는 타고난 유전질환에 어린 시절의 사고로 척추와 양쪽 다리에 장애를 갖게 되었다. 야수파의 거장 앙리 마티스(Henri Matisse, 1869~1954)는 스무 살 때 맹장염에 걸려 병원 치료 중 미술을 처음 접하고 화가의 길로 들어섰고, 일흔 살에 췌장암 수술을 한 후엔 붓을 들기 힘들어 가위로 색종이를 오려 붙여 나가는 컷아웃(Cut-out) 기법으로 작업하였다. 마티스에게 질병과 장애는 예술로 들어가게 된 문이자 새로운 기법을 여는 문이 되었다. 프리다 칼로(Frida Kahlo de Rivera, 1907~1954)는 어린 시절의 소아마비, 청소년기의 교통사고, 선천성 골반기형으로 세 번의 유산, 발가락 절단 등의 시련과 장애를 겪었다. 캐나다의 국민화가 모드 루이스(Maud Lewis, 1903~1970)는 심한 신체장애를 가지고 불운한 환경 속에서 자신의 세계를 아름답게 그려내었다.[10]

우리나라도 살펴보면, 조선 후기의 괴짜 화가 칠칠(七七) 최북(崔北, 1712~1787)은 그림에 관한 자신의 신념 때문에 스스로 한 쪽 눈을 찔러 시각장애인이 되었다.[11] 가까이 운보(雲甫) 김기창(金基昶,

1914~2001)은 청각장애인으로서 외부의 소리 대신 내면의 소리를 따라 아름다운 세계를 그려내었다.[12)]

장애인 화가의 작품 속에 자신의 장애가 담겨있을 수 있다. 직접적으로 장애를 표현할 수도 있고, 장애로 겪은 애환과 차별과 상처를 작품 속에 녹여낼 수도 있다. 아무래도 장애인 화가가 비장애인 화가보다 장애에 보다 관심을 가질 수밖에 없고, 장애를 의식하며 작업할 수밖에 없을 것이다. 그러나 그렇다고 해서 장애인 화가만 장애나 장애인을 주제로 그림을 그리는 것은 아니다. 역사적으로 장애인 화가들이 장애인을 그린 것을 찾아보기가 오히려 쉽지 않다.

장애와 장애인 규정

여기서 잠깐, 다음 논의를 이어가기 전에 먼저 이글에서 장애란 무엇인지 먼저 설정해야 할 것 같다. 그래야 그림 속 장애인이라는 논의가 가능하기 때문이다. 장애가 무엇인지, 장애인이 누구인지도 규정하지 않고 그림 속 장애인을 다룰 수는 없다. 그럼, 장애인이란 누구인가? 간단하게 말해, 장애인은 장애를 가진 사람 또는 장애를 겪는 사람이다.

그럼, 장애란 무엇인가? 여기에는 장애에 대한 여러 관점이나 이론들이 존재한다.[13)] 그 중에 가장 큰 구분은 장애를 개인의 조건으로 볼 것인지 아니면 사회적 조건으로 볼 것인지의 구분이다.[14)]역사적으로 오랫동안 장애를 개인의 신체적·정신적 조건으로 보아 왔다. 얼핏 보기에 다리 절고, 보지 못하고, 듣지 못하고, 말하지 못하는 것과 같은 육체적 장애는 개인의 것으로 보인다. 여기서 장애인은 장애를 가진 사람이다. 그럴 경우 장애에 대한 책임도 장애인 당사자의 몫으로 돌려지고, 주위의 사람들이나 기관들이 해 줄 수 있는 것은 자선적 시혜이다.

지난 세기 중반 장애인에 대한 관심이 치료, 교육, 재활, 고용 등으로 확장되면서 장애는 단순히 장애인 개인의 문제가 아니라 사회가 함께 책임져야 할 사회적 주제로 대두되었다. 하나의 의료적인 관점에서 종합적인 재활의 관점으로 옮겨 갔다. 그리고 그것은 사회가 장애인을 존중해주고 일상생활을 할 수 있도록 도와주는 복지의 문제로 주로 다루어졌다. 여기서도 장애인은 여전히 장애를 가진 사람이다.

그러다 지난 세기 후반에 장애에 대한 사회적 관점이 획기적으로 강화되었다. 장애인에게 어떤 복지를 어떻게 제공할 것인가라는 주제에서 장애 자체를 주제로 다루게 된 것이다. 장애는 특정된 장애인 개인의 것이 아니라 장애인을 포함한 사회적 환경의 것이다. 즉 장애를 장애인의 몫으로 돌리는 것이 아니라 손상으로 일상적인 사회생활을 하지 못하도록 방해하는 사회의 몫임을 주장하게 되었다. 장애와 관련하여 의료 시스템이 아니라 사회 전반을 고려하게 되었다. 휠체어를 타는 장애인이 영화관에 가는 일상생활을 하기 어려운 주된 이유는 그의 신체적 손상 때문이 아니라 영화관에 있는 수많은 계단과 휠체어가 위치할 적절한 좌석을 준비하지 못하였기 때문이다. 약시인 사람에게 적절한 안경이 제공된다면, 그에게 영화를 보는데 장애란 없을 것이다.

생각해보면 장애는 분명히 개인을 넘어 사회적 체계와 환경의 문제이다. 걷고 보고 의사소통하고 사회생활 하는데 적절한 편의시설을 제공하면 장애를 겪지 않을 수 있다. 장애를 오직 의료적이고 복지적인 문제로 다루었던 것에 비해 이제는 사회적 억압의 한 형태로 보게 된 것이다.[15] 그래서 장애인은 없고 단지 장애사회가 있을 뿐이라는 슬로건이 가능하다. 여기서 장애인은 장애를 겪는 사람이다. 여기서 장애인은 특정인으로 한정된 것이 아니라 모든 사람으로 개방된다. 그럴 경우 장애에 대한 책임은 장애인 당사자를 넘어 사회의 몫으로 돌려지고, 주위의 사람들이나 사회는 장애에 대한 인식과 함께 사회적 제도와 시설을 개선해 나가야 할 과제가 있다.

그럼에도 장애는 여전이 장애인의 손상으로부터 출발한다. 개인의 장애 없이 사회적 장애를 의식하고 개혁하는 일이 현실적으로 어느 정도 가능할지 의심스럽다. 그래서 빌 휴스(Bill Hughes)는 개인의 손상을 결코 무시할 수 없음을 지적하며 '손상의 사회학'을 주장하였다. 그는 정반합의 전개를 따라 장애에 관하여 생물학적 결손이나 손상(正)에서 출발하여 장애인을 제재하고 차별하는 일련의 물리적·사회적 장벽(反)을 넘어서 손상은 사회적인 것이고 장애는 체현된 것(合)이라고 보았다.[16] 육체적인 손상을 장애의 유일한 원인으로 단정지을 수 없고, 따라서 모든 손상이 장애의 원인이 될 수도 없다. 있다면, 그것은 특정한 관계 속에서만 손상이 장애가 된다.[17]

그림에서 장애상황 내지 장애사회를 발견하는 것은 또 다른 작업인 것 같다. 미술에서 그것은 인간의 자유와 절망, 인간의 소외와 비인간화, 세계의 부조리한 현실 등으로 많이 표현되었다. 그런데, 그럴 경우 장애인은 모든 인간으로 확대되는 동시에 그림 속에서 장애인은 사라진다. 아무래도 그림 속의 장애인이라는 주제를 다루려면 육체적인 손상의 장애를 가진 인물들을 중심으로 살펴볼 수밖에 없을 것 같다. 사실 미술계에서 정글 같은 생존 세상, 인간성을 상실한 참혹한 세상은 이미 다른 주제로 많이 다루어졌다. 장애사회는 오히려 그러한 유(類)에 더 어울릴 것 같다.

그래서 이 책에서는 고전적인 범주의 장애인을 그린 그림들을 살펴보고자 한다. 장애와 장애인에 대한 규정은 불변의 것이 아니다. 옛날의 장애 리스트와 오늘날의 장애 리스트가 다르고, 오늘날도 나라마다 사회마다 장애의 정의와 범주에 다소간의 차이를 가지고 있다.[18] 현대적 장애 의식이 없던 옛날 그림에서 오늘날의 사회적 장애 범주를 적용하기란 쉽지 않다. 따라서 자연히 예로부터 지금까지 장애인으로 불려 왔던 사람들이 등장하는 그림을 대상으로 찾는 것이 논리적일 것 같다.

현재 우리나라는 15개의 장애 범주를 법정 장애로 정하고 있다. 법정 장애인은 지체, 뇌병변, 시각, 청각, 언어, 지적, 자폐성, 정신, 신장, 심장, 호흡기, 간, 안면, 장루·요루, 뇌전증 장애인이다. 이들 중 내부 장기 장애의 경우는 최근에 포함된 것으로서 옛날에는 장애로 취급되지 않았고, 무엇보다 외관상 식별이 어려워서 그림 속에서 그 모습을 찾아보기가 쉽지 않다. 언어장애와 청각장애, 지적장애와 자폐성장애도 그림에서 분간하기 쉽지 않다. 따라서 이 책에서 다룰 그림은 예로부터 대표적인 장애로 알려진 지체장애인과 시각장애인의 그림이 주를 이룰 것이다.

미술사 속 장애인을 그린 그림들

그럼, 장애인이 등장하는 그림들이 얼마나 있을까? 앞서 설명하였듯이 이전에는 장애인에 대한 관심이 별로 없었기에 장애인에 대한 그림도 흔치 않다. 그나마 장애인을 가장 많이 그린 것은 외경을 포함하여 성경의 내용을 그린 성경그림 곧 성서화(聖書畵)이다.[19] 서양 문화의 주류는 기독교를 타고 흘러왔다. 중세와 바로크 예술은 기독교 문화의 대표적 산물이다. 그렇다 보니 기독교를 배경으로 성서에 나타난 치유 사건을 그린 그림들이 많다. 삼손과 토비트 이야기, 그리고 무엇보다 예수가 병자와 장애인을 치유한 이야기를 그린 그림이 많다. 성인들의 치유 전설도 있다. 물론 이런 작품들에서 중심은 병자나 장애인이 아니라 예수나 성인에게 있지만, 그림에도 그림 속 장애인에 대한 묘사는 당시의 장애 관련 문화와 의식을 엿볼 수 있게 한다.

서양문화사의 또 하나의 줄기인 그리스로마의 신화 속에서도 가끔 장애를 발견할 수 있다. 글쎄, 이것을 장애라고 해야 할지는 의심스럽다. 왜냐하면 신화 속에 장애의 모습으로 주로 등장하는 존재는 사람이 아니라 신이거나 괴물이기 때문이다. 물론 그리스로마의 신들이 인간의 일면을 반영한 존재들이라고 하지만, 그래도 직접적으로 연결하기엔 석연치 않다. 헤시오도스의 『신들의 계보』에 나타나는 키클롭스(Cyclops) 삼형제는 이마에 하나의 눈을 가지고 있다. 호메로스의 『오디세이아』에서 폴리페무스(Polyphemus)는 오디세우스의 꾀

페루지노, 〈성 베르나르디노의 기적: 언어장애인 치유〉, 1473년, 목재에 템페라, 76×57cm, 움브리아 국립미술관, 페루지아

에 당하여 하나 밖에 없는 눈을 잃고 시각장애를 갖게 된다. 서양미술사에서 간혹 이들의 이야기를 그린 그림들을 발견할 수 있다.[20)]

초기 르네상스의 대표로 움브리아(Umbria) 화파를 이끌었던 피에트로 페루지노(Pietro Perugino, 1450~1523)가 그린 그림 중에는 언어장애인이 등장한다. 페루지노는 당시 프란체스코회의 요청으로 성 베르나르디노(Bernardino, 1380~1444) 관련 템페라 패널화 작업에 참여하였는데, 그 중에는 어린 소녀를 치유하는 그림 〈성 베르나르디노의 기적: 어린 소녀 치유〉(The Miracles of San Bernardino: The Healing of Young Girl, 1473)와 함께 또 언어장애인을 치유하는 그림〈성 베르나르디노의 기적: 언어장애인 치유〉(The Miracles of San Bernardino: The Healing of a Mute, 1473)가 있다. 성 베르나르디노는 프란체스코회의 사제로서 이탈리아의 중부와 북부 지역을 순회하며 복음을 전하였는데, 특히 예수의 이름에 대한 신심으로 구원자 예수를 의미하는 로마자 세 글자 'I.H.S'(Jesus Hominum Salvator; In Hoc Signo)를 고안한 것으로 유명하다. 전설에 따르면 그가 죽은 후 그의 무덤가에서 여러 기적들이 일어났다. 이 그림은 그것들 중 하나

헤이덴, 〈**맹인을 인도하는 맹인**〉,
1561년경, 판화, 뉴욕공립도서관, 뉴욕

브뢰헬, 〈**맹인을 인도하는 맹인의 우화**〉,
1568년, 캔버스에 템페라, 86×154cm, 카포디몬테 국립박물관, 나폴리

브뢰헬, 〈**지체장애인들**〉,
1568년, 목판에 유채, 18×21cm, 루브르 박물관, 파리

로 성 베르나르디누스가 사후에 천상에서 내려다보는 가운데 한 언어장애인이 치유되고 있음을 묘사하고 있다.

16세기 르네상스가 플랑드르 지역으로 넘어오면서 경제적·정치적·종교적 변화와 맞물려 그림의 주제가 서민과 일상으로 확장되었다. 상업을 중심으로 경제적 부가 축적되며 미술 산업이 활성화되었고, 시민의식이 싹트는 정치적 분위기에서 중산층이 예술을 향유하게 되었고, 종교개혁의 확산으로 성당 중심의 성화에서 개인 중심의 풍속화로 변화되었다. 서민의 삶을 담은 풍속화에서 장애인, 특히 시각장애인을 그린 그림들이 등장하였다. 피테르 반 데르 헤이덴(Pieter van der Heyden, c. 1530~c. 1575)의 판화 〈맹인을 인도하는 맹인〉(The Blind Leading the Blind, c. 1561)이 있다.

같은 시기 플랑드르의 농민화가 피테르 브뢰헬(Pieter Bruegel the Elder, c. 1525~1569)은 당시 농민들의 생활상을 많이 그렸는데, 거기에는 장애인을 그린 그림들도 여럿 있다. 대표적으로 〈맹인을 인도하는 맹인의 우화〉(The Parable of the Blind Leading the Blind, 1568)와 〈지체장애인들〉(The Cripples, 1568)이다. 이 작품들 속에서 당시 장애인의 생활상과 삶의 애환을 발견할 수 있고, 또 당시 장애인의 실생활을 위한 보조기구들의 모습도 찾아 볼 수 있다. 예를 들면, 시각장애인을 위한 지팡이의 모습 그리고 지체장애인을 위한 목발과 보조기 등이다. 이것들은 오늘날의 화이트 케인(white cane)

과 크러치(crutch)와 브레이스(brace)의 고전적 형태들이다. 다비드 빈크본스(David Vinckboons, 1576~1631)는 허디거디 악기를 연주하는 〈맹인 허디거디 연주자〉(A Blind Hurdy-Gurdy Player, c. 1607, 1606~1610)를 그렸다. 허디거디(Hurdy-Gurdy)는 중세에 교회와 수도원에서 노래 부를 때 사용하던 악기로서 이 시대에는 거리의 악사들이 휴대하고 다니며 연주하였다. 1606~1610년 작 〈맹인 허디거디 연주자〉에서는 개가 맹인을 인도하고 있다. 흡사 오늘날의 시각장애인인도견 같다.

예로부터 시각장애인들 중에는 타고난 재능과 각고의 노력으로 악기를 연주하거나 노래하는 사람들이 많았던 것 같다. 역으로 생각해보면 당시에 시각장애인들이 달리 생계를 이어갈 마땅한 방편이 없었기 때문일 수도 있다. 우리나라도 아직까지 많은 시각장애인들이 침술이나 안마로 생계를 유지하고 있다. 지금도 시각장

빈크본스, 〈**맹인 허디거디 연주자**〉,
1606~1610년, 패널에 유채, 34×63cm, 암스테르담 국립박물관, 암스테르담

애인들 가운데 음악적 재능이 뛰어난 분들이 많다. 그래서일까 서양미술사에서도 음악을 하는 시각장애인 그림을 가끔 발견할 수 있다. 조르주 드 라 투르(Georges de La Tour, 1593~1652)의 〈맹인 음악가〉(Blind Musician)와 프란시스코 바이유(Francisco Y Subias Bayeu, 1734~1795)의 〈맹인 가수〉(The Blind Singer, c 1786) 등이 대표적 작품이다.[21)]

라 투르, **〈맹인 음악가〉**, 1610~1630년 사이, 캔버스에 유채, 84×61cm, 프라도 박물관, 마드리드

바이유, **〈맹인 가수〉**, 1786년경, 캔버스에 유채, 93×145cm, 프라도 박물관, 마드리드

조파니, 〈**왕립 아카데미 회원의 초상화**〉,
1771~1772년, 캔버스에 유채, 101.1×147.3cm, 왕립소장품, 런던

또 그림을 보다 보면 가끔 예상하지 못했던 작품에서 장애인을 발견하기도 한다. 신고전주의 화가 요한 조파니(Johan Zoffany, 1733~1810)의 그림 중에 〈왕립 아카데미 회원의 초상화〉(The Portraits of the Academicians of the Royal Academy, 1771~1772)라는 작품이 있다. 이 작품은 종종 〈보청기를 끼고 있는 레이놀즈를 포함한 당시의 지도급 미술가들이 보이는 왕립 미술원의 사생실습 장면〉이라고 불리기도 한다.[22] 이 제목

렘브란트, 〈**여인의 인도를 받는 맹인 노인**〉,
1645년경, 갈색 잉크, 122×98mm, 루브르박물관, 파리

이 알려주듯 당시 영국 왕립 아카데미를 세우고 이끌던 레이놀즈(Joshua Reynolds, 1723~1792)가 청각에 장애가 생겨 보청기를 끼게 되었다. 그림에서 가운데 검은 옷을 입고 있는 인물이 레이놀즈인데, 그의 오른손에는 크고 투박한 보청기가 들려있다. 여기서 초창기 보청기의 모습을 발견할 수 있다.

그 외에도 장애인을 주제로 그린 그림들이 있다. 렘브란트(Rembrandt Harmenszoon van Rijn, 1606~1669)는 유화 작품으로 〈삼손의 시각장애사건〉(The Blinding of Samson, 1636)도 그렸고, 또 소묘와 판화로도 여러 번 장애인을 표현하였다. 〈아버지의 시력을 고치는 젊은 토비트〉(The young Tobit healing his father's blindness, c. 1642), 〈토비트의 시각장애〉(The blindness of Tobit, 1651), 〈여인의 인도를 받는 맹인 노인〉(Blind old man guided by a woman, c. 1645) 등.

고흐, 〈지팡이를 짚은 맹인 연금생활자〉, 1882년, 헤이그 석판화, 475×255mm, 국립미술사박물관, 파리

고흐는 말년 생레미(Saint-Remy)에서 유화로 〈외눈 장애인의 초상화〉(Portrait of a One-Eyed Man, 1889)를 그린 바 있다. 또한 앞서 제작한 석판화 중에도 〈지팡이를 짚은 맹인 연금생활자〉(Blind Pensioner

김홍도, 〈**지팡이를 든 두 맹인**〉,
종이에 수묵채색, 28.7×32.9cm,

김준근, 〈**병신**〉,
종이에 수묵채색, 모스크바 국립동양박물관, 모스크바

with a Stick, 1882)〉라는 작품이 있다. 이 석판화에서 시각장애인은 지팡이를 짚고 있다. 제복 같은 의상이 퇴역군인처럼 보이기도 한다. 학자들은 이 시각장애인의 모델이 아마도 주이덜란드(Adrianus Jacobus Zuyderland)였을 것이라고 추정한다. 왜냐하면 고흐가 퇴역군인들이 모여 사는 연금사택의 인물들을 모델로 하여 수십 작품들을 남겼는데, 그중의 대표가 바로 주이덜란드였기 때문이다. 1882년 당시 그는 약 72세였던 것으로 추정된다. 이 노인의 시각장애는 군인으로서 전쟁 통에 얻었을 수도 있고, 노화로 인해 생겨났을 수도 있다.

우리나라의 옛 그림에서도 장애인을 찾아보기가 쉽지 않다. 조선 후기 풍속화가로 유명한 단원(檀園) 김홍도(金弘道, 1745~ c. 1806)의 화첩에 〈지팡이를 든 두 맹인〉의 그림이 있다. 두 맹인이 한 손에는 지팡이를 짚고 갈 길을 찾고 있다. 다른 한 손에 부채를 들고 있는 것을 미루어보아 아마도 때가 여름철인 것 같다. 혜원(蕙園) 신윤복(申潤福, 1758~미상)의 〈대쾌도〉(大快圖)에도 등이 튀어나온 척추장애인이 등장한다. 유숙(劉淑, 1827~1873)의 〈대쾌도〉도 마찬가지이다.

장애인과 관련해서는 조선 후기 기산(箕山) 김준근(金俊根, 1853경~미상)이 더 주목할 만하다. 그는 시각장애인, 지체장애인, 척추장애인, 왜소증 장애인 등과 관련하여 여러 편의 작품을 남겼다.[23] 그림의 오른쪽 상단 낙관 위의 제목 '병신'이란 용어는 오늘날 매우 적절하지 못한 장애폄하적인 용어지만, 당시에는 일반적인 용어였다. 옛날에는 장애를 몸이 병들어 온전치 못하여 무엇을 할 수 없는 상태로 보았다. 옛날에는 오늘날과 같은 장애인의 인권이나 장애에 대한 의식은 별로 없었다. 그럼에도 우리나라의 경우, 역사적으로 장애인을 위한 여러 정책과 제도가 있었고, 그래서 여러 분야에서 뛰어난 자취를 남긴 장애인들이 있었다. 특히 근대사에서 장애인의 역할과 업적은 주목할 만하다.[24)]

글의 전개와 개요

이글은 장애인이 그려진 그림을 찾아 분석하며 장애에 대한 이해를 확장하고 심화시키는 목적을 가지고 있다. 이를 위해서 나는 미술사학, 미학, 인문학, 신학, 사회복지학, 장애학 등 여러 학문의 관점과 자료를 가지고 접근할 것이다. 그림은 아름다움을 담고 있는 예술 작품인 동시에 또한 인간의 실존과 인생의 의미를 담고 있는 텍스트이며 시대의 정신과 문화를 담고 있는 역사의 산물이기도 하다.

그림 속에 장애인이 등장한다면 적어도 화가가 그의 시대에 장애인을 의식하였다는 것이며, 장애인을 통하여 그림 속에서 무엇인가를 표현하고자 하였다는 것이다. 그리고 작품 속 장애인은 그 시대의 장애와 장애인에 대한 사회적인 의식과 문화와 관습을 반영하고 있다. 이글은 그것을 추적해 보고, 또 그것을 계기로 오늘 우리 사회에서 장애와 장애인을 다시 생각해 보고자 한다. 물론 지금과 같은 장애인에 대한 인권과 대우, 장애에 대한 개념과 의식을 기대하기는 어려울 것이다. 그럼에도 불구하고 이 작업이 의미 있는 것은 그러한 작업 속에 오늘의 장애 의식에 이르게 되었고, 오늘도 여전히 갇혀 있는 미흡한 장애 의식의 껍질을 깨어나가야 하기 때문이다.

그림 속에 등장하는 장애인에게 주된 관심을 가지고 작품을 분석하고 오늘날의 보다 나은 장애인의 삶을 생각해보는 작업은 국내에선 처음인 듯싶다. 동일한 관점과 취지는 아니지만 그래도 장애를 겪은 화가의 삶을 고려하여 작품을 해석하거나 그림 속 장애인의 삶을 부각하려는 앞선 작업들이 있었음에 감사드리며 이 작업을 하는데 많은 도움을 받았다.

이유리는 인생이나 사회에서 '검은 그림'이라고 할 만한 매우 불편한 현실에 대한 그림들을 다루었는데, 거기에는 화가의 장애도 있고 사회적 편견을 담은 작품도 있다. 박광혁은 화가와 미술 작품에 드러난 질병들을 개관하였는데, 거기에는 신체적이고 정신적 장애도 들어 있다. 김태권은 그림을 통하여 수많은 인권의 주제들을 다루었는데, 거기에는 장애인의 인권과 비장애인의 장애에 대한 편견도 담겨 있다. 김소울은 상담의 관점에서 인생의 시련과 심리적 고통을 겪은 화가들과 가상으로 대담하였는데, 주로 정신장애를 겪은 화가들을 다루었다. 진병관은 인생이 마주하는 수많은 시련과 고통에 대해서 그림을 통하여 위로를 제공하였는데, 질병과 장애를 겪으며 작업한 화가와 작품들도 다루었다.[25)]

이 책에서 나는 8편의 미술작품을 선별하여 장애라는 주제에 관심을 두고 그림을 감상하며 미술사학적인 분석과 미학적인 비평을 전개하고, 오늘날의 장애복지학과 장애학과 연관하여 장애인과 함께 더불어 살아가는 삶과 사회에 대해서 논의하고자 한다. 또 8편의 그림이 모두 서양의 그림이어서 서양의 사상과 문화의 근본 바탕을 이루고 있는 기독교에 대한 신학적 접근을 첨부하여 장애에 대한 의식을 새롭게 하고자 한다.

장애에 대한 의식은 현실적으로 장애인의 존재와 삶으로부터 시작되었다. 오늘날 철학이나 사회학 또는 생물학이나 생태학으로부터도 장애를 논할 수 있지만, 역사적으로 장애라는 주제에 대한 관심과 논의는 장애인으로부터 출발하였으며 장애인과 더불어 전개되어 왔다. 그래서 이 작업도 장애를 염두에 두고 장애를 주제로 그린 심리적이고 추상적인 작품들이 아니라 장애인이 실제로 등장하는 작품들을 다룬다.

장애인에 대한 명명조차 역사적으로 추적해 볼만한 흥미로운 주제이다. 장애인에 대한 호칭이나 명칭의 변천에도 그럴만한 사회적 배경과 사건들이 존재한다. 그래서 장애인 명칭의 변천사는 장애인 차별의 역사인 동시에 또한 장애인 인권의 발전사이고 장애

개념의 전개사이기도 하다.[26] 따라서 오늘날의 관점에서 보면, 매우 부적절하고 불편하지만 작품의 제목에 들어있는 장애폄하적인 명칭이나 표현을 일단 전래되어 내려온 그대로 사용하고자 한다. 물론 그림에 대한 미술사학적인 분석 내지 해석과 함께 장애학적인 서술에서는 오늘날의 장애 표현으로 수정할 것이다.

글의 전개는 장애인이 등장하는 그림을 살펴봄으로부터 시작한다. 그림 속에 답이 있기에 그림을 보고 질문하다 보면 그 시대의 장애인에 대해서도 점점 앎의 지평이 확장되어 간다. 그렇게 장애에 대한 관심을 가지고 그림 속 표현들에 질문과 대답을 거듭해 간다. 또한 이 작품을 그린 화가들의 인생도 짧게 개관한다. 왜냐하면 화가의 작품은 화가가 살던 시대상과 자신의 인생을 담고 있기 때문이다. 작품은 화가가 낳은 시대적 산물이다. 그래서 그림에는 화가 자신의 경험과 세계에 대한 이해가 담겨 있다. 화가가 장애인을 그렸으면 거기에는 크든 작든 분명히 장애와 장애인에 대한 이해가 들어 있다. 그리고 그것은 그 당시의 이해를 배경으로 하여 화가의 독창성을 얹고 있다. 마지막으로 그림 속 장애인을 계기로 하여 오늘의 관점과 관심에 따라 장애인의 삶의 문제와 장애와 관련한 사회적 과제를 고민한다.

제 1장의 그림은 조세 리에페링스(Josse Lieferinxe, c. 1493~1503/1508 활동)가 그린 〈성 세바스티안의 묘지를 찾은 순례자들〉(Pilgrims at the Tomb of St Sebastian, 1497)이다. 이 그림에는 흥미롭게도 중앙에 한 지

체장애인이 주인공처럼 서 있다. 이 시대 누가 장애인을 주인공으로 삼을 수 있었을까? 장애인도 동등한 주체로서 자신의 인생의 주인이며 역사의 주역이 될 수 있다.

제 2장의 그림은 피테르 브뢰헬(Pieter Bruegel the Elder, c. 1525~1569)이 그린 〈맹인을 인도하는 맹인의 우화〉(The Parable of the Blind Leading the Blind, 1568)이다. 이 그림은 제목에서 드러나듯이 여러 명의 시각장애인들이 등장하여 옛날 시각장애인들이 이동하던 광경을 연출한다. 시각장애인은 어떻게 이동할 수 있을까? 시각장애인의 이동권은 반드시 확보되어야 한다.

제 3장의 그림은 엘 그레코(El Greco, 1541~1614)가 그린 〈맹인을 치유하는 그리스도〉(Christ Healing the Blind, 1570s)이다. 앞서 소개했듯이 서양에서 가장 많이 장애인을 그린 그림은 예수가 장애인을 고쳐준 사건을 그린 것들이다. 이 작품은 예수의 장애해방선언을 담고 있어 오늘날까지 장애 담론의 기본 방향을 제시하고 있다. 장애는 죄의 결과가 아니라 하나님의 영광을 위한 도구이다.

제 4장의 그림은 디에고 벨라스케스(Diego Velázquez, 1599~1660)가 그린 〈시녀들〉(Las Meninas, 1656)이다. 이 작품은 너무나도 유명하여서 이야깃거리가 참 많은데, 오늘 우리의 관심에서 볼 때 흥미롭게도 그림 속에 왜소증 장애인들이 등장한다. 왜소증 장애인, 당시 스페인의 왕궁에서 그들은 또 얼마나 고단한 인생을 살았을

까? 왜소증 장애인은 동등한 사람이자 고유한 사람이고, 여느 사람처럼 가진 재능에 따라 특출함을 드러내며 이웃과 세상에 기여할 수 있다.

제 5장의 그림은 바르톨로메 무리요(Bartolomé Esteban Murillo, 1617~1682)가 그린 〈베데스다 못의 그리스도〉(Christ at the Pool of Bethesda, 1667~1670)이다. 3장과 마찬가지로 이 그림 역시 예수의 장애인 치유 그림이다. 그림 속에 등장하는 장애인은 지체장애인처럼 보이는데, 무엇인가 할 말이 많아 보인다. 그의 말 또한 오늘 우리의 장애 담론에 많은 이야깃거리를 제공한다. 공정한 분배로서의 정의의 문제는 장애인의 세계에도 해당된다.

제 6장의 그림은 프란시스코 고야(Francisco José de Goya y Lucientes, 1746~1828)가 그린 〈정신병원의 뜰〉(The Yard of a Madhouse, 1794)이다. 서양미술사에서 아마 처음으로 정신병원이라는 주제를 제대로 다룬 작품인 것 같다. 역사적으로 정신장애는 파란만장한 역사를 가지고 있다. 광기는 때로 해학과 풍자, 때로 격리와 차별, 때로 정치와 경제의 희생양이 되었다. 정신장애는 지금도 여전히 사회적 낙인이 매우 심한 장애 중의 하나이다.

제 7장의 그림은 카스파르 프리드리히(Caspar David Friedrich, 1774~1840)가 그린 〈교회가 있는 겨울풍경〉(Winter Landscape with Church, 1811)이다. 그림은 거대한 산 속의 눈 덮인 겨울풍경을 묘사하고 있

는데, 중앙에 목발을 내던지고 바위에 기대어 앉아있는 한 지체장애인이 있다. 그림은 단순한 겨울풍경을 넘어 자연 속 인간의 신앙 실존과 현실에서의 종교적 괴리를 담고 있는 것 같다. 세상이 나의 장애와 인생, 상처와 절망을 몰라주어도 오직 예수 그리스도는 내 모든 것을 이해하고 용납해 주신다.

제 8장의 그림은 존 에버렛 밀레이(John Everett Millais, 1829~1896)가 그린 〈눈먼 소녀〉(The Blind Girl, 1856)이다. 그림은 비가 그치고 난 후의 농촌 풍경을 표현하고 있다. 그림 전면에 한 시각장애인 소녀가 목에 장애인이라는 푯말을 걸고 손에 손풍금을 들고 앉아있다. 소녀는 오늘 우리에게 장애와 관련하여 무슨 말을 걸어오는 것 같다. 장애인도 동등하게 행복하고 가치 있는 삶을 살아야 한다. 세상에서 쥐어준 장애인의 운명에서 벗어나 세계와 소통하며 아름다움을 누릴 수 있어야 한다.

이 작품들 속의 장애인은 실존 인물이기도 하고, 성서 속 인물이기도 하고, 상상 속의 인물이기도 하다. 그들이 누구든 그들에게 장애가 없었으면 그와 같은 명화도 없었을 것이다. 물론 대신 다른 명화가 생겨났을 수도 있었을 것이다. 그러나 장애인을 주제로 또는 장애인에게 희망과 의미와 격려를 제공하는 그런 그림은 존재할 수 없었을 것이다. 그림 속 장애인이 21세기의 오늘 우리 시대에게 이곳에서의 삶은 어떠한지 묻는 것 같다. 이제는 장애와 함께, 장애를 넘어서 정말 살만한 세상이 되었는가?

그림은 장애인에게, 비장애인에게, 그리고 사회에게 묻는다. 장애인이 장애를 통해서, 장애와 무관하게, 장애를 넘어서 자신의 꿈을 위해 재능을 펼 수 있게 되었는가? 장애인의 행복이 비장애인의 행복이 되고, 비장애인의 행복이 장애인의 행복이 되었는가? 장애인과 비장애인이 차별과 대적이 아니라 평등과 협력의 관계가 되었는가? 장애인과 비장애인이 사랑과 신뢰와 희망 안에서 서로 의지하고 도와주고 섬기는 관계가 되었고, 그런 사회적 풍토가 되었는가?

1

리에페링스의
<성 세바스티안의 묘지를 찾은 순례자들>

리에페링스, 〈성 세바스티안의 묘지를 찾은 순례자들〉,
1497년, 패널에 유채, 82×55cm, 국립고전미술관, 로마

1

리에페링스의
<성 세바스티안의 묘지를 찾은 순례자들>

그림 들여다보기

무슨 그림일까? 글쎄? 그림에서 가장 먼저 눈에 들어오는 것은 가운데 위치한 한 장애인이다. 이 사람은 한쪽 다리가 절단되었다. 예전의 장애인등급제에 따른다면, 한쪽 다리를 무릎관절 이상의 부위에서 상실하였으니 아마 최소한 지체장애 3급은 될 것이다.[27) 그러나 장애인등급제는 장애인의 인격과 존엄을 모독한다는 비판과 함께 또 장애인에게 보다 현실적이고 필요한 복지서비스를 제공하기 위해 2019년 7월에 폐지되었다. 현재의 장애인 규정에 따르면 이 사람은 '심한 지체장애인'이다. 그는 보행에 심각한 장애를 가지고 있다. 그래서 보행을 위하여 목발을 보조기구로 사용하고 있다.

그는 왼손으로 목발을 짚고 오른발로 지탱하여 서 있는데, 절단

된 왼쪽 다리에 또 다른 목발을 의족처럼 대어 바닥을 짚고선 능숙하게 균형을 잡고 서 있다. 이 그림에선 이 사람이 마치 주인공 같아 보인다. 옛날 그림에 장애인이 주인공이라니? 그 옛날의 화가가 누구인지 다시 볼 일이다.

그러고 보니 주위에 있는 사람들 중에도 여러 사람이 질병이나 장애를 가지고 있는 것 같다. 왼쪽 하단에 작게 그려진 소녀도 당연히 보여야 할 왼쪽 다리가 보이지 않는다. 그냥 긴 옷 속에 가려졌다고 하기엔 상당히 어색하다. 아마 이 소녀도 하지 지체장애인일 가능성이 크다. 가운데는 보다 노골적으로 한 노파가 궤짝 속에 들어가 있다. 이것은 물건을 나르는 흔한 통일 수도 있는데, 온 몸에 흰 천을 두른 것을 보면 죽음에 임박한 사람을 실어 나르는 관일 가능성도 있다. 그녀는 죽기 전에 마지막으로 지푸라기라도 잡는 심정으로 이곳에 찾아왔을 지도 모른다. 확실한 것은 노파 혼자의 힘으로 여기까지 올 수는 없었을 것이라는 사실이다. 분명 누군가 다른 사람들이 이 노파를 여기까지 실어 날랐을 것이다. 그림에서 보이지 않는 사람들의 수고가 보인다.

이 그림은 무슨 광경을 그린 것일까? 그림 속 등장인물들의 행동을 들여다보자. 흥미롭게도 사람들이 그림의 중앙 가운데를 향하여 손을 모으고 간절히 기도하는 모양새를 취하고 있다. 그림 하단, 노파는 궤짝 속에서도 두 손을 모아 기도하고 있다. 그림 양 사이드의 두 사람도 무릎을 꿇고 중앙을 향하고 있다. 왼쪽 사이드의 남자는 무릎을 꿇고 양손을 위로 든 채 가운데를 바라보며 간절히 기도하고 있고, 오른쪽 사이드의 여인도 무릎을 꿇고 두 손을 가지런히 모은 채 가운데를 바라보며 간절히 기도하고 있다. 그러고 보면 중앙 저편에 있는 일군의 무리들이 앞을 보고 있는 것 같지만, 사실은 간절한 열망을 모아 중앙 가운데를 앙망하고 있는 것이다. 아무래도 중앙 단 위에 무엇인가 거룩한 것이 있는 것 같다.

그림의 구도를 보면 사람들의 주목하는 바와 같이 가운데로 집중되어 있다. 대각선 구도로 상하좌우로 대칭을 이루어 보는 이들의 시선을 자연스럽게 가운데로 끌고 간다. 중앙에 지체장애인이 서 있는 이곳은 도대체 어디일까? 그는 지금 무엇을 하는 것일까? 그림의 구도를 상단과 하단으로 구분하면 등장인물들은 주로 하단

1. 리에페링스의 〈성 세바스티안의 묘지를 찾은 순례자들〉

에 위치하고 있다. 그럼, 상단부에는 무엇이 있을까? 등장인물들이 다 중앙을 향하여 간절히 빌고 있는데, 그것은 가운데 서 있는 지체장애인을 향하여 비는 것은 아닌 것 같다. 중앙의 장애인과 오른쪽의 남자는 다른 사람들과 달리 두 계단 위로 중앙 무대에 서 있는데, 두 사람 다 신발을 벗은 맨발이다. 신을 벗었다?(출 3:5) 이곳은 다른 사람들이 있는 곳보다 거룩한 장소인 것 같다. 그러고 보면 이 그림의 중심은 지체장애인이 아니라 그가 서 있는 곳의 단 위다. 전후좌우의 모든 사람들이 간절히 바라보는 이 중앙에 어떤 힌트가 담겨 있을 것 같다.

지체장애인이 서 있는 그 앞에 네 기둥의 단이 있고, 그 위에 부조로 장식이 된 함이 있다. 그림 오른쪽의 한 남자가 왼손으로 기둥을 잡은 채 오른손을 위로 뻗어 올리고 있다. 함에 손을 대어 보려는 것 같다. 그러고 보면 가운데 뒷모습을 보이고 있는 지체장애인의 오른손도 단의 기둥을 만지는 것 같다. 아마도 이 함이 매우 특별한 함인 듯싶다. 예로부터 사람들은 성물에 직접 손을 대고 기도하면 보다 더 잘 성취될 것이라는 신앙을 가졌던 것 같다. 그래서 종교를 망라하여 성지의 많은 성물들이 사람들의 손을 타서 매끈매끈하다. 그림 속 등장인물들은 모두 다 간절히 소망하고 간절히 염원하는 모습이다.

단 위에 있는 함에는 다섯 인물의 부조 그림이 들어 있다. 아무래도 이 그림들이 이 함과 연관이 있을 듯싶다. 거룩한 함에 아무

의미 없는 그림을 장식할 리 없기 때문이다. 중앙에 큰 그림으로 오른손을 들어 강복하는 분은 예수 그리스도이다. 그리고 그 왼쪽으로 한 인물이 뒤로 손이 묶인 채 벌거벗겨진 몸에 화살이 박혀 있다.[28] 이 사람은 누구일까? 예수 그리스도가 강복하는 이 인물이 아무래도 이 그림과 연관이 있어 보인다. 이 사람은 누구일까?

역병의 수호성자 세바스티안

이 그림은 조세 리에페링스(Josse Lieferinxe, c. 1493~1503/1508 활동)가 그린 〈성 세바스티안의 묘지를 찾은 순례자들〉(Pilgrims at the Tomb of St. Sebastian, 1497)이다. 제목을 생각해 보면, 이 그림은 성 세바스티안의 시신이 묻혀 있는 묘지를 배경으로 순례자들이 찾아와서 자신들의 소망을 비는 광경을 그린 것이라 할 수 있다.

중세에는 성인들이 순교하거나 묻힌 자리에 주로 성당이나 수도원을 세웠다. 또 중세에는 성도가 죽으면 그 시신을 성당이나 수도원에 장례하곤 하였다. 그림 속 건물의 배경도 아마도 성당이거나 수도원일 것이다. 이곳은 성 세바스티안의 묘지를 기념한 성당일 것이다. 그리고 그림 속 등장인물들의 시선과 제스처를 보았을 때, 단 위에 있는 부조그림으로 장식된 함이 아마도 세바스티안의 유골이 담긴 유골함일 것이다. 그래서 사람들이 다 그곳을 향하여 기도하고 또 단의 기둥이나 함을 만지려하는 것 같다. 그럼, 성 세바스티안은 누구인가?

전해 내려오는 이야기에 따르면, 성 세바스티안(St. Sebastian, c. 255~ c. 287)은 나르본(Narbonne) 출신으로 밀라노의 시민이었다. 그는 황제 디오클레티아누스(Diocletianus, 284~305 재위)의 눈에 들어 제1보병대의 사령관에 임명되었고, 또 이어서 수비대 대장이 되었다. 그는 기독교인으로서 옥에 갇혀서 고문당하는 기독교인들을 찾아 위로하고 격려하곤 하였는데, 마르켈리아누스(Marcellianus)와 마르쿠스(Marcus) 쌍둥이 형제가 신앙을 지켜 순교하도록 도왔다가 결국 발각되었다. 이 일로 진노한 디오클레티아누스 황제는 그를 막사의 중앙 기둥에 묶어 놓고 군병들에게 화살을 쏘라고 명령하였다. 그는 수많은 화살이 박혀서 마치 고슴도치처럼 되었고, 그는 그렇게 죽도록 내버려졌다. 그런데 죽은 줄 알았던 그가 기적 같이 살아났다. 그리고 그는 숨거나 달아나지 않고 오히려 황제에게 나아가 기독교인을 박해하지 말고 복음을 받아들일 것을 경고하였다. 이에 황제는 그를 잡아서 죽을 때까지 몽둥이로 치게 하였고, 그의 시신을 모욕하기 위하여 하수구에 유기하도록 하였다. 그것이 대략 AD 287년경의 일이었다.[29)]

이후로 그는 신앙을 지켜 순교한 것 때문에 성자로 추앙되었고, 그가 화살을 맞고도 다시 살아난 일 때문에 수호성자 또는 치유성자로 추앙되었다. 중세에 사람들을 죽음의 공포에 몰아넣은 것은 주로 전쟁과 질병이었는데, 특히 전염병이 그러하였다. 당시에는 의학에 대한 지식도 적고 의술도 발달하지 못하였기에 줄줄이 죽어나가는 전염병은 사람들에게 매우 두려운 공포의 대상이었다.

중세에 소위 '흑사병'이라고 불리는 역병이 여러 번 유럽을 휩쓸고 갔다. 흑사병은 페스트균에 감염된 쥐벼룩으로 말미암아 먼저 쥐들이 죽고 또 이어 감염된 사람들이 죽게 된 병이다. 페스트균에 감염된 사람들의 피부가 검게 변하였기에 당시 사람들은 감염된 사람들의 겉모습을 보고 흑사병(黑死病)이라고 불렀다. 1894년 스위스 의사 알렉상드르 예르생(Alexandre Yersin, 1863~1943)이 처음으로 쥐벼룩이 페스트의 매개체라는 사실을 발견하였는데, 그때까지 흑사병은 원인도 모르고 치료방법도 없는 가장 잔혹하고 무서운 역병이었다.

역사적으로 유럽에 흑사병이 유행한 적이 여러 번 있었다. 특히 중세 6세기와 14세기에 흑사병이 전 유럽에 걸쳐 대유행하였다. 6세기의 흑사병은 아프리카에서 발병하여 지중해와 동유럽까지 번져나갔다. 당시 동로마제국의 황제였던 유스티니아누스 1세(Justinianus I, 527~565 재위)도 감염되었었기에 당시의 병을 '유스티니아누스 역병'이라 부르기도 한다. 이 역병은 역사상 가장 큰 역병으로 사망자 1억 명, 하루 1만 명씩 죽었다고 한다. 14세기의 흑사병 또한 그 위력이 대단하였는데, 1347년부터 1352년까지 유럽 전체 인구의 약 30%가 죽었고, 그 수는 대략 2,000만 명에 달하였다.[30)]

당시 사람들은 전염병이 돌자 성 세바스티안을 역병의 수호성자, 역병에서 치유해 주는 치유성자로 더욱 추앙하고 의지하였다. 그래서 리에페링스 외에도 중세와 르네상스 심지어 근대에 이르기까지 여러 화가들이 성 세바스티안을 소재로 그림을 그렸다.[31] 만테냐(Andrea Mantegna, 1431~1506), 페루지노(Pietro Perugino, 1450~1523), 보티첼리(Sandro Botticelli, 1474~1510), 라파엘로(Sanzio Raffaello, 1483~1520), 엘 그레코(El Greco, 1541~1614), 루벤스(Peter Rubens, 1577~1640), 레니(Guido Reni, 1575~1642), 티치아노(Vecellio Tiziano, 1490~1576), 베로네세(Paolo Veronese, 1528~1588)….[32] 유럽에 전염병이 휩쓸고 지나갈 때면 성 세바스티안에 대한 인기는 더욱 높아졌고, 성 세바스티안의 그림 또한 많이 제작되었다.

성 세바스티안의 대가 리에페링스

이 그림을 그린 사람은 조세 리에페링스(Josse Lieferinxe, c. 1493~1503/1508 활동)이다. 그는 캉브레(Cambrai)교구 에노(Hainaut)지역 출신으로 1493년 프로방스에서 처음 언급되어 프로방스 화파(Provençal School)의 한 사람으로 추정되고 있고, 1503년 아비뇽 화파의 거장 장 샹주네(Jean Changenet)의 딸 미셀(Mchelle)과 결혼하였기에 아비뇽 화파(Avignon school)에 속하거나 적어도 아비뇽 화파와 교류하였을 것으로 추정되고 있다. 실제로 그의 작품 속에서 아비뇽 화파의 흔적을 찾아볼 수 있다. 그는 아마도 1493년에서 1505년경에 프랑스 남부 지역을 중심으로 활동하다가 1508년쯤 사망하였

을 것으로 추정되고 있다.[33]

그는 1497년 마르세유(Marseille)에 있는 노트르담 데 아쿨레스(Notre Dame des Accoules) 교회에서 역병을 막아주는 성 세바스티안과 성 로흐(St. Roch)의 생애와 기적에 관련하여 여덟 개의 작품을 제작한 것으로 알려져 있다.[34] 처음 작품을 의뢰받았던 베르나르디노 시스몬디(Bernardino Sismondi)가 작업을 다 마치지 못한 채 사망하여서 리에페링스가 그 작업을 마무리지었다. 이 일로 인하여 그는 '성 세바스티안의 대가'(the Master of St. Sebastian)라고 불리게 되었다.

리에페링스, **〈화살에 맞은 성 세바스티안〉**, 1497년경, 패널에 유채, 81.3×54.9cm, 필라델피아 미술박물관, 필라델피아

그럼, 여기서 성 세바스티안을 소재로 그린 리에페링스의 작품 중 몇 가지를 살펴보도록 하자. 아무래도 그의 생애와 기적의 순서대로 보는 것이 좋을 듯싶다.

먼저 〈화살에 맞은 성 세바스티안〉(St. Sebastian pierced with arrows)이다. 그림을 보면, 오른쪽에 발가벗겨진 채 나무 기둥에 묶여 있는 사람이 있는데, 그가 바로 성 세바스티안이다. 그림 왼쪽에 위치한 궁수들이 활을 쏘아서 세바스티안의 몸엔 화살들이 박혀 있고, 그로 인해 피가 그의 몸에 흘러내리고 있다. 세바스티안은 기둥에 묶여 온 몸에 화살을 맞았건만 사도행전의 첫 순교자 스데반처럼 담담히 하늘을 우러러 보고 있다(행 7:55). 고통과 죽음을 초탈한 성자의 모습이다.

성 세바스티안 관련 그림은 거의 다 세바스티안을 이런 모습으로 묘사하고 있다. 그에 관한 전설에 따라, 그는 기둥에 묶인 채 온 몸에 화살을 맞은 모습을 하고 있다. 화살을 맞는 장면이 아닌 다른 장면을 그렸다고 하더라도 세바스티안의 몸에는 화살이 꽂혀있거나 아니면 온 몸에 화살 맞은 자국을 선명하게 묘사하였다. 세바스티안이 화살에 맞았다가 살아났기에 화살은 기둥과 함께 성 세바스티안의 성물 중의 하나가 되었다.

다음 그림은 〈성 이레네가 성 세바스티안을 간호하다〉(St. Irene Nurses St. Sebastian)라는 작품이다. 그림 한 가운데, 거의 나체에 가까운 몸에 화살이 꽂혀 있는 인물이 성 세바스티안이다. 그의 온 몸은 박힌 화살들과 그 화살들로 인해 피투성이가 되어있다. 그 곁에는 그런 그를 돌보아는 주는 성녀 이레네(St. Irene)[35]가 있다.

세바스티안은 화살을 많이 맞고 죽음에 방치되었다. 그런데 하나님의 은혜로 기적같이 살아났다. 전설에 따르면, 그 때에 로마의 성녀 이레네(Irene)가 화살에 맞아 죽어가는 세바스티안을 치료하고 간호해 주었다고 한다. 성녀 이레네는 1년 앞서 배교를 거부하고 순교한 로마의 관료 카스툴로(Castulo)의 부인인데, 화살에 맞은 세바스티안을 장례하기 위해서 갔다가 살아있는 그를 발견하고 치료해 주었다. 이 에피소드는 이후에, 특히 17세기에 그림의 소재로 애용되었다. 그래서 성 세바스티안을 소재로 한 그림 중에는 이레네가 함께 등장하는 작품들이 여럿 있다. 헨드리크 테르브뤼겐(Hendrick Terbrugghen, 1588~1629)의 〈이레네와 하녀의 간호를 받는 성 세바스티안〉(St. Sebastian Tended by Irene and her Maid, 1625)과 조르주 드 라 투르(Georges de La Tour, 1593~1652)의 〈이레네의 간호를 받는 성 세바스티안〉(St. Sebastian Attended by St. Irene, 1634~1643과 c. 1649)가 특히 유명하다.

리에페링스, **〈성 이레네가 성 세바스티안을 간호하다〉**,
1497~1498년, 패널에 유채, 83×55cm, 미술박물관, 필라델피아

이 그림은 〈성 세바스티안의 순교〉(The Martyrdom of St. Sebastian)이다. 화살에 맞고도 살아난 세바스티안은 황제에게 맞섰다가 다시

리에페링스, 〈성 세바스티안의 순교〉,
1497년경, 패널에 유채, 82.5×55.2cm,
필라델피아미술박물관, 필라델피아

체포되어 이번에는 몽둥이에 맞아서 정말로 죽게 되었다. 그림을 보면, 주위에 사람들이 몽둥이로 세바스티안을 힘껏 내려치고 있다. 성 세바스티안을 그린 그림의 대부분이 그렇듯이 이 그림에서도 세바스티안의 몸은 벌거벗겨진 채 화살을 맞은 상처투성이이다. 그리고 쓰러져있는 그의 머리에는 성인을 상징하는 후광이 가느다란 선으로 그려져 있다. 뒤에 배경으로 콜로세움, 콘스탄티누스 대성당, 그리고 산타 마리아 마조레의 탑 같은 것이 보인다. 그림의 중앙에 보면 뒤에 작게 사람들이 무슨 일을 벌이고 있는 것이 보인다. 자세히 들여다보면, 사람들이 죽은 세바스티안을 하수구에 던져 넣고 있다.

이 그림은 〈역병 환자를 위해 기도하는 성 세바스티안〉(St. Sebastian Interceding for the Plague Stricken)이다. 그림을 보면, 역병이 온 동네를 휩쓴 것 같다. 흰 천으로 둘러싸인 시신이 여기저기 등장한다. 그림 제일 앞 곧 하단에 흰 천에 싸인 시신이 있고, 한 사람이 시신의 다리를 들어 옮기고 있다. 그 뒤로 한 구의 시신은 아예 길바닥에 내팽개쳐 있다. 그리고 그 뒤로 한 사내가 흰 천의 시신을 들쳐 메고 어디론가 옮기고 있다. 그 뒤로는 수레에 흰 천에 싸인 시신들을 실어 나르고 있다. 다시 제일 앞에 시체를 나르던 두 사람 중 한 사람, 곧 왼쪽 사람은 뒤로 나동그라지고 있다. 시신 때문에 놀라서 그랬을 수도 있지만, 어쩌면 이 사람 역시 방금 전에 역병에 걸린 것 같기도 하다. 왼편의 주민들은 동네를 휩쓴 역병의 사태에 어찌할 줄 모르고 있고, 오른쪽의 사제들은 역병을 죽은 사람들의 장례를 치르느라 애를 쓰고 있다.

리에페링스, **〈역병 환자를 위해 기도하는 성 세바스티안〉**, 1497~1499년, 패널에 유채, 81.8×55.4cm, 월터스 미술관, 볼티모어

그리고 하늘 위에 한 사람이 구름 속에 나타난 하나님 앞에 무릎을 꿇고 두 손을 모아 간절히 기도하고 있다. 온 몸에 화살이 꽂힌 것을 보니 그가 바로 성 세바스티안이다. 그 아래에는 천사와 마귀가 공중에서 싸우고 있는데, 당시 역병의 상황을 감안한다면 천사

는 치유와 생명을 상징하고, 마귀는 역병과 사망을 상징한다. 많고 많은 성인들 중에 왜 하필 성 세바스티안일까? 이미 앞서 설명하였듯이 성 세바스티안이 중세와 르네상스 시대에 역병의 수호성자로 널리 알려져 있었기 때문이다.

지체장애인의 이동권

다시 처음에 보았던 작품 〈성 세바스티안의 묘지를 찾은 순례자들〉로 돌아가 보자. 리에페링스는 이 장면을 그리면서 지체장애인을 주인공으로 사용하였다. 실제로 당시에 얼마나 많은 장애인이 성 세바스티안의 묘지를 찾았을지는 의문이다. 왜냐하면 그것이 결코 쉬운 일이 아님을 잘 알고 있기 때문이다. 지금도 지체장애인이 길을 나서는 것이 쉽지 않은데, 도로 사정이나 생활 여건이 좋지 않던 당시에 지체장애인이 순례를 한다는 것은 심히 어려운 일이 아닐 수 없다.

전설에 따르면, 세바스티안이 심한 매를 맞고 죽어서 하수구에 버려졌는데, 죽은 그가 이레네에게 나타나서 자신이 버려진 곳을 알려주었다고 한다. 이레네는 그의 시신을 찾아 로마 근교의 지하 동굴에 장례를 치렀다. 그래서 이후로 그곳은 산세바스티아노 카타콤베(Catacombe of San Sebastiano)로 불리게 되었고, 그 위에 산세바스티아노 성당이 세워졌다. 그렇다면 그림 속 이곳은 아마도 산세바스티아노 성당일 것이다. 그림 속 지체장애인이 얼마나 먼 곳에서부터 왔는지는 알 수 없지만, 그 여정이 결코 쉽지 않았을 것이다.

지체장애인이 어디로 이동하려면 여러 어려움이 따른다. 개인적으로 장애인 당사자의 건강이나 체력 상태도 문제가 되거니와 또한 물리적으로 지형이나 건물 등의 장벽도 문제이고, 무엇보다 사회적으로 마련된 교통수단과 편의시설, 그리고 사회적인 편견과 차별은 더 큰 문제이다. 장애인의 인권과 편의시설이 양호해진 오늘날에도 지체장애인이 이동하는 것이 생각처럼 쉽지 않은데, 중세 당시에는 더욱 그러하였을 것이다. 그리고 그곳이 성지라고 하면 더욱 그럴 수 있다. 성지는 일반인들 특히 장애인들의 접근이나 인공적인 편의시설의 설치가 수월하지 않았기 때문이다.

장애인으로서 가장 많이 경험하는 제한은 바로 이동의 제한이다. 장애범주에 따라 제한의 영역이 다소간 차이가 있을 수 있다. 예를 들어 언어나 청각장애인의 경우에 의사소통의 제한, 지적이나 자폐성장애인의 경우에 이성적 판단이나 정신기능의 제한을 강하게 경험할 수 있다. 그런데 지체장애인, 뇌병변장애인, 시각장애인은 무엇보다 이동에서 심각한 장벽과 좌절을 경험하게 된다. 이동의 제한은 장애인 당사자의 장애에서 원인을 찾을 수도 있지만, 또한 사회로부터 당하는 심각한 사회적 제약으로 볼 수도 있다. 즉 이동의 제한은 사회를 건설함에 있어서 다른 종류의 이동 수단을 선택하는 사람들에게 적합하지 않도록 만들어졌기 때문이다.[36)]

오늘날도 그림 속 인물 같이 심한 장애를 가진 지체장애인이 홀로 성지를 순례하는 것은 쉽지 않은 일이었다. 만약 그림 속 인물이 실존인물이라면 그는 매우 독립적이고 용기 있는 의지의 인물일 것이다. 김태권은 장애인의 인권을 다루면서 이 그림을 화가가 장애인을 대상화하거나 타자화하지 않고 주체적으로 늠름하게 그린 대표적인 작품으로 소개하였다.[37] 장애인도 할 수 있다. 아니, 장애인이 무엇을 하고자 할 때 그것을 이룰 수 있는 제반 여건이 갖춘 사회가 좋은 사회이다. 비록 가는 길이 힘겹더라도 무장애사회로 나아가야 한다.

여기서 한 번 더 생각해볼 것이 있다. 무엇이 이 장애인으로 하여금 그렇게 힘들고 험난한 여정을 감내할 수 있게 하였을까? 분명히 심심하거나 할 일이 없어서는 아닐 것이다. 이것은 단순한 여행이 아니다. 그것은 그 모든 수고와 고생을 감내하면서도 그곳을 순례하고픈 신앙 때문일 것이다. 간절한 소망 때문일 것이다. 그는 대단한 신앙의 인물이다. 당시의 열악한 상황과 여건에서 장애인에게 보다 절실한 것이 있었음을 반영한다. 그것이 신앙적 위로이든 신앙적 치유이든, 어떤 것이든 분명 순례의 고단함보다 더 간절하였을 것이다.

신앙은 종종 장애를 초월한다. 그리하여 신앙은 장애의 현실을 넘어 기적을 만든다. 이 경우에 기적은 비과학적 비상식이 아니라 비현실적 비상식이다. 의술을 넘어선 신유나 초자연적인 이적이라기보다는 사회에서 상식적으로 생각하고 행동하는 현실을 넘어서는 도전이다. 중풍병자를 예수가 있는 집으로 데리고 온 네 사람은 집에 몰려든 인파들로 접근할 수 없자 예수가 있는 집의 지붕을 뜯고 중풍병자를 침상째 달아 내렸다(막 2:4-5). 신앙은 장애를 넘어 새로운 도전을 하게 한다. 그리고 이러한 도전은 공간적으로 온 세계를 향하여, 분야에서는 전 범위에 걸쳐, 생각으로는 모든 불가능의 한계를 넘어 계속된다. 신앙이 장애를 넘어선다.

장애와 관련한 문제는 크게 두 방향이 맞물려서 진행된다. 하나는 장애인 또는 장애인 그룹의 끊임없는 의지와 도전이다. 장애인은 존엄한 인간으로서 행복한 삶을 추구하기 위해 수많은 억압과 강제, 소외와 차별에 저항하고 도전하여야 한다. 이것은 인간으로서 당연하고 정당하고 숭고한 일이다. 다른 하나는 사회가 장애인을 편견과 차별 없이 대하며 장애인과 함께 잘살 수 있는 사회적 기반을 마련하는 일이다. 이것이 복지를 향한 사회이다. 이 둘은 서로 맞물려 있어서 함께 상승작용을 일으키며 장애인과 비장애인 모두가 행복한 미래로 나아가게 한다. 그런 점에서 장애에 대한 개인적 모델 이론과 사회적 모델 이론은 서로 대적할 것이 아니라 서로 보완 협력하여 더 높은 단계로 나아가야 한다.

오늘날 장애인의 이동권은 매우 중요한 사회적 이슈이다. 장애 때문에 가고 싶은 곳에 갈 수 없고 갈 소망마저 품을 수 없다면, 그것은 매우 심각한 인권 침해이며 차별이다. 이동권은 모든 인간의 기본적인 권리이다. 단적으로 지체장애인에겐 그가 갈 수 있는 만큼 자유가 있다고 해도 과언이 아니다. 지체장애인은 이동을 향한 도전을 계속하여야 하고, 비장애인은 그 도전을 응원해야 하고, 사회는 장애인과 비장애인이 함께 공간을 사용하고 향유할 기반을 마련하여야 한다. 그동안의 유니버설 디자인(Universal Design)의 결과가 보여주듯이 장애인이 이동하기 편한 시설은 비장애인에게도 당연히 편리하고 유용하다. 사회는 공동체 전체를 위하여서 장애인의 이동의 자유를 향한 도전을 응원하고 격려하여야 한다. 장애인의 자유 속에 비장애인의 자유 또한 확장된다.

개인적으로 장애인이 세상의 모든 성지나 명소를 다 가보아야 한다고 생각하지 않는다. 그것은 장애의 문제가 아니라 개인의 관심과 기호의 문제이다. 그러나 어디를 가고자 하는데 장애라는 이유 때문에 갈 수 없다면 그것은 장애인 개인의 문제가 아니라 그가 살고 있는 사회의 문제이다. 당시 리에페링스가 그린 성 세바스티안의 묘지에 순례를 온 지체장애인의 고된 현실은 오늘을 사는 우리에게 신앙과 장애와 관련하여 귀한 도전이 된다. 순례는 장애와 역경을 넘어선 신앙의 순례가 되고, 장애 유무를 떠나 모든 사람의 자유롭고 의미 있는 순례가 되어야 한다.

2

브뢰헬의
<맹인을 인도하는 맹인의 우화>

브뢰헬, 〈**맹인을 인도하는 맹인의 우화**〉,
1568년, 캔버스에 템페라, 86×154cm, 카포디몬테 국립박물관, 나폴리

2

브뢰헬의
<맹인을 인도하는 맹인의 우화>

그림 들여다보기

이 그림은 무슨 그림일까? 그림 속엔 여섯 명의 맹인 곧 시각장애인들이 등장한다. 그들은 서로를 손과 지팡이로 연결하여 함께 길을 걸어가고 있다. 요즘은 매우 보기 드문 광경이지만, 옛날에는 심심찮게 일어났을 법한 장면이다. 장애인을 위한 편의시설이 없던 시절에 맹인들이 함께 어딘가로 이동하려면 그나마 호구지책으로 취하였던 방법이었을 것이다.

자세히 보면, 제일 앞서 가던 맹인이 넘어지고 있다. 정확하게 표현하면 뒤로 나동그라지고 있다. 무엇 때문일까? 길바닥에 튀어나온 돌부리에 발이 걸렸을 수도 있고, 움푹 파인 곳에 발을 헛디뎠을 수도 있다. 아니면 가던 길에 어떤 돌발 상황에 놀랐을 수도 있다. 맹인은 가는 길의 사정과 주변의 상황을 볼 수 없기 때문에 순간적으로 필요 적절한 대처를 하지 못하여 넘어지기 쉽다. 그림을 보면, 앞에 구렁 또는 도랑 같은 것이 보이는데, 아마도 그것을 보지 못해 실족한 것 같다.

함께 가던 맹인 무리들 중에서 제일 앞서 가던 사람이 넘어지면, 그 다음은 어떻게 될까? 얼핏 생각만 해도 매우 안타까운 일이 예상된다. 그림은 바로 그 장면을 적나라하게 묘사하고 있다. 선두의 맹인이 넘어지자 그를 의지하여 걷던 두 번째 맹인도 몸의 균형을 잃고 앞으로 고꾸라질 듯 휘청거리고 있다. 다행히 그는 아직 넘어지진 않았다. 그러나 그림을 보면 앞서 넘어진 선두의 맹인에게 걸려 곧 넘어질 것 같다. 세 번째 맹인은 두 번째 맹인과 함께 지팡이를 잡고 있어서 앞에서 무슨 일이 발생했다는 것을 감지하긴 한 것 같은데, 그것이 정확히 무슨 일이고 또 지금 어떤 상황인지는 가늠하지 못하는 것 같다. 뒤에 따라오는 세 명의 맹인들은 앞에서 발생한 사태에 대해서 아직 전혀 감지하지 못하고 있다.

이 그림은 매우 단순하다. 다만, 한 가지 특이한 점은 그림에서 두 번째와 세 번째 맹인 사이가 제법 벌어져 있다는 것이다. 화가가 바라보는 시각 때문에 그렇게 보일 수도 있다. 그림의 구도에서 두 번째와 세 번째 맹인이 지팡이로 연결되어 있다 보니 거리가 벌어진 것이라고 생각할 수도 있다. 그런데, 왜 하필이면 두 번째와 세 번째 맹인 사이일까? 다른 맹인들 사이를 벌려 놓는다고 해서 그림의 내용이나 주제가 바뀔 것 같지는 않다. 아무래도 화가가 의

도적으로 두 번째와 세 번째 맹인 사이를 지팡이로 벌려 놓아 공간을 확보한 것 같다. 그리고 정확히 그 사이로 뒤에 교회가 위치하고 있다. 화가는 이 그림으로 무엇을 말하려고 한 것일까?

장애인을 그린 화가 브뢰헬

이 그림을 그린 사람은 피테르 브뢰헬(Pieter Bruegel the Elder, c. 1525~1569)이다. 흔히 대(大) 피테르 브뢰헬 또는 피테르 브뢰헬 엘더(Elder)라고 부른다. 그를 이렇게 부르는 것은 그의 아들 중 똑같은 이름을 가진 사람(장남)이 있기 때문이다.[38)]

그의 아들은 아버지와 구별하여 피테르 브뢰헬 영거(Pieter Bruegel the Younger, 1564~1638) 또는 소(小) 피테르 브뢰헬이라고 부른다. 흥미롭게도 그의 손자 중에도 피테르 브뢰헬이라는 이름을 가진 사람이 있다. 그를 가리켜서는 피테르 브뢰헬 3세(Pieter Bruegel III, 1589~c. 1639)라고 부른다(소 피테르 브뢰헬의 아들). 이것은 당시 피테르 브뢰헬이 화가로서 얼마나 큰 영향력을 가졌었는지를 잘 보여준다. 피테르 브뢰헬의 유명세 아래 그의 아들들과 손자들에 이르기까지 그를 이어 화가가 되었고, 그의 가문은 플랑드르를 넘어 유럽에서 유명한 화가 가문을 이루게 되었다.

브뢰헬이 처음부터 명문가의 유명인은 아니었다. 실제로 그는 출생연도와 출생지조차 제대로 알려져 있지 않았다. 그에 관한 공식기록은 1551년 안트베르펜의 성 누가 화가 길드에 마스터로 입회 등록한 것인데, 당시 길드 가입연령이 대략 21~25세인 점을 감안하여서 그의 출생년도를 1525년 어간으로 추정할 뿐이다. 또한 1567년 출간된 『네덜란드 지리서』(Description of the Low Countries)에서 귀차르디니(Lodovico Guicciardini, 1521~1589)가 브뢰헬을 브레다(Breda) 출신이라고 기술하여 오늘날 그의 출생지를 브레다로 추정할 뿐이다. 그의 이름 또한 헷갈리게 하는데, 1559년까지는 사람들이 그를 Brueghel로 불렀고, 브뢰헬 자신 또한 자신의 작품에 그렇게 서명하였다. 그러나 이후로는 Bruegel로 서명하였다. 브뢰헬에 대한 발음에도 브뤼겔, 브뤼걸, 브뤼헐 등 여러 논란이 있었다.[39)]

브뢰헬은 1545년경부터 안트베르펜의 피테르 쿠케 반 알스트(Pieter Coecke Van Aelst, 1502~1550)에게서 도제생활을 하며 그림을 배웠다. 쿠케는 스페인 황제 카를로스 1세(Carlos I, 1516~1556 재위:카를 5세)의 궁정화가로서 1527년부터 안트베르펜의 화가 길드에 소속되어 활동하였는데, 훗날 1563년에 브뢰헬은 그의 딸 마이켄 쿠케(Mayken Coecke, c. 1545~1578)와 결혼하였다. 1551년경 브뢰헬은 이탈리아로 약 4~5년 편력여행을 다녀와서 안트베르펜의 유명한 출판업자이자 판화가인 히에로니무스 코크(Hieronymus Cock, 1518~1570)의 공방에 들어갔다. 이 공방은 당시 문화와 예술의 중심지 역할을 하였는데, 코크는 브뢰헬로 하여금 히에로니무스 보스(Hieronymus Bosch, c. 1450~ 1516)의 드로잉 연작을 그리게 하여 그것을 판화로 대량 생산하여 전 유럽에 판매하였다. 브뢰헬의 초기 그림은 쿠케와 보스에게서 큰 영향을 받았고, 당연히 작품의 화풍 또한 비슷하다. 그래서 귀차르디니는 브뢰헬을 '제2의 보스'라고 부르기도 하였다. 보스는 매우 독특하고 난해한 화가였다. 그의 작품은 그로테스크하고 환상적이고 괴상하고 흉측하기도 한데, 브뢰헬의 작품도 초기에 그 영향을 받아 비슷한 경향을 띠었다.[40)]

브뢰헬은 보스의 영향에서 점차 벗어나 1556년경부터는 풍자적이고 교훈적이며 도덕적인 주제들에 몰두하였다. 브뢰헬은 인간과 자연에 보다 큰 관심을 가지고 작업을 하였다. 그는 처음에 판화 드로잉으로 출발하였는데, 이 무렵부터 판화보다 회화에 집중하였다. 그의 그림은 매우 흥미롭다. 한때 그의 작품은 마치 보스의 것을 보는 것처럼 괴기한 것들도 여럿 있는데, 갈수록 그는 농민들의 생활상을 많이 그렸다. 그래서 그를 가리켜 흔히 '농민화가' 또는 '민속화가'라고 한다. 그런가하면 그의 작품은 여러모로 당시의 사회상을 해학적으로 풍자하고 있다. 그래서 또한 그를 가리켜 흔히 '풍속화가' 또는 '풍자화가'라고 부르기도 한다. 그의 작품이 풍자적이다 보니 작품의 구석구석 세밀한 표현들에 어떤 의미가 담겨 있는지 많은 호기심을 자아내게 한다.

내가 브뢰헬을 높이 사는 것은 이전의 어떤 화가도 관심을 갖지 않았던 장애인들을 그의 작품에 담아냈다고 하는 점이다. 어쩌다 한 번 장애인을 그림의 배경으로 그려 넣은 것이 아니다. 그가 장애인에게 관심을 갖고 장애인을 그림 속에 매우 의미 있게 그렸다는 사실에 경이와 경의를 보낸다. 브뢰헬을 농민화가를 넘어 '민중화가'라고 부르기도 하는데, 장애인은 예나 지금이나 민중의 대표적 부류이다. 장애인에 대한 사회의 다중적인 차별을 고려할 때 장애인은 '민중 중의 민중'이라 할 수 있다. 브뢰헬은 정확히 장애인을 그림의 주제로 삼았다.[41)]

두 개의 대형작품 속 장애인과 두 개의 장애인 그림

1559년 브뢰헬은 두 개의 대형 유화 작품을 그렸다. 여기서 대형작품이란 작품의 크기도 크기이지만 수많은 인물이 등장하여 수많은 내용을 담고 있는 작품을 의미한다. 물론 크기라고 해봤자 이탈리아 르네상스 작품들에 비할 바가 아니지만, 브뢰헬이 그린 작품들 중에선 상당히 큰 것들이다. 그 해에 펜과 잉크로 그린 그림은 여럿 있지만, 유화 작품은 이 둘뿐이다. 그 두 작품은 바로 〈네덜란드의 속담〉(Netherlandish Proverbs)과 〈사육제와 사순절의 싸움〉(The Fight between Carnival and Lent)이다.

〈네덜란드의 속담〉은 브뢰헬이 당시 플랑드르 지역에 널리 알려져 있던 여러 속담들을 한 화면에 그려 넣은 것이다. 그림으로 된 격언집이라고나 할까? 속담이란 예로부터 민간에 전하여 오는 쉬운 격언이나 잠언을 말한다. 격언이나 잠언이 제법 격식을 갖춘

문학이라면, 속담은 그저 입에서 입으로 구전된 전승이라 할 수 있다. 1500년, 당대 최고의 인문주의자 에라스무스(Desiderius Erasmus, c. 1466~1536)는 헬라와 라틴의 고전에서 경구들을 뽑아 격언집을 발간하여 큰 인기를 얻었다.[42)]

브뢰헬의 〈네덜란드의 속담〉은 에라스무스의 격언집과 비교하면 민중들이 그림으로 보고 쉽게 이해하도록 표현한 그림으로 된 격언집이라 할 수 있다. 이 작품 속에는 약 120개의 속담들이

브뢰헬, 〈네덜란드의 속담〉,
1559년, 오크 패널에 유채, 117×163cm, 베를린 국립박물관, 베를린

들어 있다.[43]

그렇다 보니 이 작품의 구석구석을 세밀하게 들여다보며 거기에 표현된 속담을 찾는 재미와 그 속담의 의미를 알아가는 재미가 쏠쏠하다.

그런가하면 〈사육제와 사순절의 싸움〉은 당시 유럽, 특히 플랑드르 지역의 종교·사회적 상황을 풍자적으로 반영하고 있다.

브뢰헬, 〈사육제와 사순절의 싸움〉,
1559년, 패널에 유채, 118×165cm, 미술사박물관, 빈

1517년 루터(Martin Luther, 1483~1546)의 종교개혁과 이어지는 츠빙글리(Ulrich Zwingli, 1484~1531)와 칼뱅(Jean Calvin, 1509~1564)의 종교개혁 운동이 전 유럽으로 확산되었다. 브뢰헬이 살던 당시에 플랑드르 지역에도 개혁교회가 들어와 크게 유행하고 있었는데, 문제는 플랑드르 지역이 전통적으로 로마 가톨릭주의인 스페인의 지배를 받고 있었다는 데 있었다. 카를로스 1세(Carlos I, 1516~1556 재위:카를 5세)와 1556년 그의 뒤를 이은 아들 펠리페 2세(Felipe II, 1556~1598 재위)는 가톨릭 군주로서 플랑드르에서 칼뱅주의를 뿌리뽑고자 하였다. 플랑드르 지역은 펠리페 2세의 전제정치에 저항함으로써 결국 80년 전쟁(1568~1648)이 벌어졌다. 이 작품의 제작 시기인 1559년은 아직 전쟁 발발 전이므로 칼뱅주의가 확산 중인 동시에 펠리페 2세가 탄압을 암묵적으로 고조시키던 때이다. 그림을 보면, 구교 곧 로마 가톨릭교회는 사순절에 금식, 금욕, 고행 등의 규율을 철저히 지켰던 반면, 신교 곧 개혁교회는 중세 교회의 전통적인 율법으로부터 해방하여 자유를 누리고자 하였다. 흔히 브뢰헬이 사육제의 편에 서 있다고도 하지만, 종교풍자화라는 점에서 내가 보기엔 둘 다 거기서 거기로 보인다.

이 두 작품에 대한 자세한 분석은 차치하고, 나의 눈에 들어오는 것은 바로 이 작품들 속에 장애인들이 등장하고 있다는 것이다. 먼저 〈네덜란드의 속담〉에는 오른쪽 제일 상단부에는 세 명의 사람들이 나란히 걷고 있다. 원근법으로 따져보자면 이 세 사람은 그림에서 제일 멀리, 제일 뒤에 위치하고 있다. 그러나 적어도 이 작품

에선 수많은 속담들이 구석구석에 배치되어 있어서 그림이 작고 멀리 위치한다고 해서 내용이 중요하지 않은 것이 아니다. 작품 속에 들어 있는 속담들은 하나같이 귀하고 중요한 교훈을 담고 있어서 이 작품에서 위치와 크기는 별로 중요하지 않다.

제일 앞장선 사람이 지팡이를 들고 있는 것을 미루어 짐작하면 이들은 앞을 보지 못하는 시각장애인들이다. 작품 속 이 부분의 속담은 "맹인이 맹인을 인도하다"이다. 그럼, 이 속담의 의미는 무엇일까? 앞을 보지 못하는 맹인이 다른 맹인을 인도하니 그들이 가는 길은 매우 위험천만할 것이다. 이것은 매우 어리석고 위험한 일이다. 인생이나 공동체나 그렇게 되어선 안된다. 어리석은 지도자는 자신만 아니라 타인, 나아가 공동체 전체를 어렵게 만든다.

이 속담은 복음서에 기록된 예수의 말씀에 기초하고 있다. “그냥 두라 그들은 맹인이 되어 맹인을 인도하는 자로다 만일 맹인이 맹인을 인도하면 둘이 다 구덩이에 빠지리라 하시니”(마 15:14). “또 비유로 말씀하시되 맹인이 맹인을 인도할 수 있느냐 둘이 다 구덩이에 빠지지 아니하겠느냐”(눅 6:39).

마태복음에 따르면, 이것은 예수가 당시 율법과 전통의 진정한 의미는 상실한 채 문자와 외식에만 매여 있던 바리새인과 서기관들을 비판하며 한 비유이다. 맹인이 맹인을 인도하면 결국 두 사람 다 구덩이에 빠지게 될 것이다. 이처럼 어리석은 지도자가 어리석은 백성을 인도하다간 둘 다 낭패를 볼 것이라는 뜻이다. 예수의 이 말씀은 처음부터 비유였다. 그러니까 실제로 눈이 어두워 앞을 보지 못하는 시각장애인들이 무리지어 길을 가는 것을 지적한 것이 아니라 무지와 위선에 사로잡힌 지도자들이 무지몽매한 사람들을 이끌어가는 사회상을 지적한 것이다. 그래서 이것이 하나의 격언이 되고 속담이 되어 사회에 널리 회자되었다.

이 부분과 관련하여, 걸어가는 세 명의 시각장애인 뒤로 교회가 위치하고 있다. 여기에도 무슨 속담이 담겨 있는 것일까? 네덜란드 속담에 “교회와 첨탑이 분간되면 아직 해가 지지 않은 것이다”라는 속담이 있다. 그 의미는 무엇일까? 그것은 아직 해가 지지 않았으니 해야 할 일을 해야 한다는 것이다. 달리 해석하면 책임을 충분히 완수해야 목표를 이룰 수 있다는 뜻이기도 하다.[44] 맹인의 우화 그림 옆에 교회가 서 있다는 것은 매우 의미심장하다. 이것은 맹인의 우화의 출처가 교회, 나아가 근본적으로 성서라는 암시도 있겠지만, 무엇보다 아직 늦지 않았으니 교회가 해야 할 일을 똑바로 해야 한다는 지적으로 느껴지기도 한다. 교회는 세상을 구원하고 사회를 선도해야 한다. 교회가 앞을 보지 못하는 맹인이 아니라 앞을 밝히 보는 지도자가 되어서 세상을 생명의 길로 바르게 인도하여야 한다는 경종으로 다가오기도 한다. 물론 교회는 현실에서 실제 시각장애인을 잘 도와주어야 한다.

그런가하면 〈사육제와 사순절의 싸움〉에서는 그림 중앙 왼쪽에 일군의 지체장애인 무리가 모여 있다. 이 작품은 사육제와 사순절의 싸움이라는 주제에 걸맞게 정확히 좌우로 나뉘어서 사육제 진영과 사순절 진영이 대결하고 있다. 그 대결은 그들의 생활을 적나라하게 보여줌으로써 대치하고 있다. 현실보다 지나치게 과장된 모습은 이것이 당시의 생활을 풍자적으로 반영한 축제의 단면으로 볼 수 있다.[45] 제일 전면에 보면 왼쪽에는 사육제를 대표하는 뚱보가 술 드럼통에 올라타 고기를 꼬치에 꿰어 맞서고 있고, 오른쪽에는 금식과 고행으로 야윈 수도사가 수레 위 의자에 마주 앉아있다. 사육제 진영에는 육고기와 와플(waffle)이 있는 반면 사순절 진영에는 물고기와 프레첼(pretzel)이 있다. 사순절 진영의 사람들은 이마에 십자가를 긋고 적선을 하는 경건한 삶을 사는 것 같고, 사육제 진영의 사람들은 기름진 음식과 음악과 함께 한바탕 축제를 벌이고 있는 것 같다.

이것은 넓게 보아 기독교와 세속 문화의 싸움 같아 보이지만, 좁혀 보면 실제로는 기독교의 구교와 신교 간의 싸움을 반영한 것이다. 사육제(Carnival, 謝肉祭)는 본래 봄의 시작을 알리며 겨우내 보관했던 고기를 먹던 고대 로마의 축제에서 기원하였는데(carne vale), 중세에 기독교 문화가 지배하면서 주현절로부터 사순절 전까지의 기간을 일컫게 되었고, 특히 사순절이 시작되는 전날인 화요일에 마르디 그라(Mardi Gras, 기름진 화요일)라 하여 그 절정에 이르렀다. 사순절(Lent, 四旬節)은 예수가 십자가에 달려 죽고 부활한 부활절 전의 기간으로 일요일을 제외한 40일을 가리킨다. 전통적으로 로마 가톨릭교회에서는 이 기간에 금식, 금욕, 고행의 시간을 보냈다. 반면 종교개혁 진영은 오직 성서를 신앙의 근간을 삼음으로써 로마 가톨릭교회가 지켜오던 전통들을 부정하였다. 종교개혁 진영에서는 사순절의 전통적인 금식, 금욕, 고행 등을 반대하였다.

대부분의 비평가들은 이 작품에서 브뢰헬이 사육제의 편에 서 있다고 해석한다. 역사적으로 당시 플랑드르 지역에 유행하였던 칼뱅주의의 영향을 받았을 것이라고 보았기 때문이다. 또한 브뢰헬의 풍자적이고 해학적인 작품성 향상 엄숙하고 금욕적이고 율법적인 로마 가톨릭교회보다는 자유를 중시하는 개혁교회가 더 어울린다고 보았기 때문이다. 그의 작품을 많은 로마 가톨릭 교인들이 좋아하고 구매하였음을 감안할 때 그가 꼭 칼뱅주의 편이라고만 단정하기도 곤란할 것 같지만, 스페인 펠리페 2세의 침략에 임박하여 그의 아내에게 작품을 불태우라고 한 것을 보면 분명히 로마 가톨릭교회 편에 선 것은 아닌 것 같다.[46] 그림의 한 가운데 사육제와 사순절 진영을 대표하는 두 사람이 나란히 꺼진 등불을 들고 가는 광대를 따라가고 있는 장면을 주요 근거로 삼는다면, 이 작품에서 브뢰헬은 사실 사순절과 사육제 모두를 비판적으로 풍자하고 있다고 볼 수 있다.[47]

이런 대결 양상을 따라 좌우를 구분하면 지체장애인들이 사육제 편에 몰려 있어서 편을 들고 있는 것 같다. 그런데 자세히 들여다보면, 사순절 진영에도 장애인은 있다. 중앙에서 약간 아래쪽에 한 지체장애인이 바닥에 덩그러니 놓여 있다. 양 다리가 절단되고 팔도 한 쪽이 절단된 것 같다. 그 앞에 검은 옷을 입은 사람이 적선을 하고 있다. 그런가 하면 그 위로 시각장애인이 지팡이를 짚은 채 구걸을 하고 있고, 그 앞에 역시 적선을 하고 있는 사람들이 있다. 사육제 진영의 장애인들이 비교적 주체적으로 자유로이 돌아다니고 있는 것 같은데, 다른 한편으론 사육제에 취해 장애인을 나몰라 하는 개신교의 신앙행태를 풍자하고 있다. 사순절 진영의 장애인들은 수동적으로 주로 구걸하는 적선의 대상으로 표현되어 있는데, 이 역시 외식적인 금욕과 선행에 대한 로마 가톨릭의 신앙행태를 풍자하고 있다.

왼쪽 사육제 진영의 지체장애인들의 모습을 확대해 보면, 여섯 명의 지체장애인이 몰려있다. 이들은 모두 다리에 신체적 장애를 가지고 있다. 제일 앞의 장애인은 거의 기다시피 손에 보조기구로

땅을 짚고 있다. 그의 양 다리는 깡마른 채 접혀 들려 있는 것으로 보아 아마도 마비가 오래되어 신체적으로 변형된 것 같아 보인다. 다른 장애인들은 목발을 겨드랑이에 끼고 이동하고 있다. 앞의 두 사람은 앞에서 벌어지는 장면을 바라보고 있고, 또 다른 사람은 서로 대화를 나누는 것 같아 보이는데, 대화의 내용은 가늠하기 어렵다. 흥미로운 점은 여섯 명의 지체장애인들이 머리에 쓰고 있는 모자가 다 제각각이라는 것이다. 모자는 신분을 상징하며, 장애는 누구에게나 발생할 수 있다. 이들의 장애는 사고 내지 질병으로 손상 내지 마비의 증세를 보이고 있으며 그것으로 인해 그들은 보행과 이동에 장애를 가지고 있다.

이 두 개의 대형작품에서 발견하는 것은 브뢰헬이 장애인을 사회의 일원, 장애 문화를 사회문화의 하나로 그려내고 있다는 점이다. 애써 숨기려 하지도 않거니와 아예 생략하지도 않았다. 사실 이 작품에서 장애인들이 없어도 그만이다. 이 대형작품에 굳이 장애인을 그려 넣지 않아도 그림의 주제에서 크게 벗어나거나 어긋날 것도 없다. 그런데 브뢰헬은 사회의 당연한 존재로 장애인을 그려 넣었다. 그래서 필자는 브뢰헬을 장애인에 관심을 가지고 그림을 그린 '장애인의 화가'라고 부르고 싶다.

그림 속에 장애인이 등장한다는 것, 그것은 예나 지금이나 그림을 보는 이들에게 장애인이란 어떤 존재이며 장애인들을 어떻게 대하여야 할 것인가에 대해서 던지는 질문이기도 하다. 장애인을 마주할 때, 우리는 어떻게 생각하고 어떻게 행동하는가? 장애는 국가 정부나 시 당국이 책임져야 할 문제인가? 아니면, 장애인 당사자 본인이 전적으로 개인적으로 책임져야 할 문제인가? 아니면, 개인적인 자선의 문제로 남겨 두어야 할 것인가?[48] 브뢰헬의 장애인 그림은 실제 장애인의 현실을 폭로함과 함께 장애인을 어떻게 받아들이고 대할 것인지에 대해서 보는 이들에게 그리고 사회를 향해 문제를 제기한다. 또한 장애인과 그의 삶으로 비유되는 사회적 실태를 풍자하고 위선적인 현실을 지적한다.

브뢰헬이 장애인을 그린 작품은 이것으로 끝이 아니다. 그로부터 약 10년 가까이 지났을 무렵, 1568년경 그는 생애의 마지막 작품들을 그렸다. 〈염세가〉(The Misanthrope, 1568), 〈농부와 새둥지 도둑〉(The Peasant and the Birdnester, 1568), 〈교수대 위의 까치〉(The

Magpie on the Gallows, 1568)[49] 등이 그 예들인데, 그 안에는 바로 〈맹인을 인도하는 맹인의 우화〉(The Parable of the Blind Leading the Blind, 1568)와 〈지체장애인〉(The Cripples, 1568)이라는 작품이 들어있다. 이 두 작품은 정확히 시각장애인과 지체장애인을 독립적인 주제로 삼아 그렸다. 10년 전 대작 속에 들어있는 부분과 10년 후에 단독으로 제작한 장애인 그림을 나란히 놓고 보면 브뢰헬이 장애인의 삶을 얼마나 심도 있게 관찰하였는지 알 수 있다.

1568년 작 〈지체장애인〉에서 지체장애인들에 대한 표현은 보다 노골적이고 선명하다. 그런데 〈사육제와 사순절의 싸움〉에 비해 지체장애인들의 장애에 대한 표현은 오히려 보다 단순해진 것 같다. 〈사육제와 사순절의 싸움〉에서 앞에 기다시피 하던 장애인은 사라졌다. 그리고 또한 그들의 다리 상태를 볼 때, 그들은 대개 손상이나 절단으로 인한 지체장애를 가지고 있다. 그래서 그들은 이동을 위해 다리에 낮은 나무보조기를 대고, 짧은 목발을 겨드랑이에 끼거나 짧은 막대기를 양손으로 짚고 있다.

이들의 장애의 원인은 확실하지 않다. 선천적 장애일 가능성도 있지만, 대개의 장애가 그렇듯이 전쟁, 사고, 질병 등으로 후천적 장애일 가능성이 크다. 무릎 이하나 발목 이하를 상실한 것으로 보아 확실히 후천적일 가능성이 크다. 얼굴이 기괴하게 일그러져 있고 눈썹이 없는 것과 뒤돌아가는 인물이 얼굴에 붕대를 감은 것을 근거로 이들이 한센병 환자이며 이들의 장애가 한센병 때문일 것

브뤼헬, 〈지체장애인들〉,
1568년, 목판에 유채, 18×21cm, 루브르 박물관, 파리

이라고 추정하기도 한다.[50] 그러나 이 단정은 다소 무리일 듯싶다. 왜냐하면 이 그림에서 얼굴을 볼 수 있는 사람은 단 두 사람에 불과한데다 브뤼헬은 사람들의 얼굴을 그릴 때 종종 눈썹을 생략하기도 하기 때문이다. 특히 풍자적인 그림일수록 더욱 그렇다. 이 그림은 장애 원인의 단서를 제공하기보다 장애 현상을 묘사함으로써 무언가를 풍자하거나 고발하려고 한다.

이 그림에서 특이한 것은 다섯 명의 지체장애인들이 쓰고 있는 모자이다. 다섯 명 모두 각기 다른 모자를 쓰고 있다. 이 모자가 바로 그들의 사회적 신분을 가리킬 수 있다. 미트라는 성직자, 털모자는 서민, 챙이 없는 모자는 농부, 종이로 만든 투구는 군인, 관은 귀족을 상징한다. 이 그림은 사회적 신분이나 계급과 무관하게 인간은 모두 다 위선적일 수 있음을 지적하고 있는 것 같다.[51] "거짓은 목발을 짚은 장애인처럼 절룩거린다."는 네덜란드 속담도 있다. 걸을 때마다 기우뚱거리는 신체적 절룩거림은 이것저것 혼란케 하는 거짓의 현상으로 해석되었던 것이다.

이 그림이 정확히 무엇을 의미하는지는 확실하지 않다. 장애인들의 옷에는 여우 꼬리가 달려 있다. 비평가들은 이것을 나병환자의 표지나 구걸하는 걸인의 표지로 보기도 한다.[52] 그런가하면 당시 사회에 여우의 꼬리로 퍼져있는 관념을 따라 거짓과 위선을 풍자하고자 한 것 같다는 의견도 있다. 여우는 전통적으로 거짓말과 속임수와 교활함의 대명사이다. 12세기경부터 유럽 전역에 널리 퍼진 여우이야기를 브뢰헬도 또 당시에 이 그림을 보는 사람들도 다 잘 알고 있었을 것이다. 특히 여우이야기의 레이너드(Reynard)는 당국의 권위와 질서와 가치에 대한 조롱의 대변자이다.[53] 여우꼬리가 많을수록 거짓과 위선이 심한 것일 수 있다. 이 그림에서 지체장애인은 단순히 지체장애를 들어내려는 것이 아니라 맹인의 우화와 마찬가지로 사회적 풍자, 계급 선입견, 조직화된 위선으로서 구걸의 숨은 뜻을 담고 있다고 볼 수 있다.[54]

브뢰헬이 장애인에게 관심을 갖고 그림에 장애인을 표현한 것은 고무적인 일이라 할 수 있으나 비유적이라 하더라도 은연중에 장애인을 부정적으로 부각시켰다는 점에서는 못내 아쉽다. 그러나 지금으로부터 약 500년 전 작품이니 그 시대의 장애의식을 고려할 때 브뢰헬만 탓할 일도 아니다. 장애인을 그림의 주제로 삼아준 것만으로도 획기적이라 할 만한다. 그는 장애인을 사회의 한 구성원으로 받아들였고, 그의 모든 작업이 그렇듯이 오랜 시간 장애인의 삶을 집중적으로 관찰하여서 그것을 그림 속에 세심하게 표현하였다.

보쉬, 〈거지들과 지체장애인들〉,
1568년, 펜과 비스터, 264×198mm, 벨기에 왕립도서관, 브뤼셀

브뢰헬은 지체장애인을 그림에 담기 위해 무진 애를 썼던 것 같다. 다음의 드로잉 작품은 보쉬(Hieronymus Bosch, c. 1450~1516)의 작품으로 알려져 있는데, 소묘의 디테일한 묘사를 볼 때 보쉬보다는 오히려 브뢰헬의 것 같아 보이기도 한다. 이 소묘에는 정말 다양한 지체장애인들이 묘사되어 있어서 당시 지체장애인의 삶을 엿볼 수 있다. 루텍키(Gregory W. Rutecki)는 이 그림에 등장하는 지체장애인들의 장애 원인으로 한센병, 맥각중독, 소아마비, 척추카리스에, 그리고

장애인인 것처럼 거짓으로 흉내 내고 있는 가짜들도 있다고 분석하였다.[55] 보쉬와 브뢰헬의 그림을 미루어 볼 때, 당시 16세기 유럽에는 많은 장애인들이 있었던 것으로 추정된다.

브뢰헬의 시각장애인 묘사

다시 오늘의 작품 〈맹인을 인도하는 맹인의 우화〉로 돌아가 보자. 브뢰헬이 말년에 그린 장애인 그림들은 장애인에 대한 매우 세밀한 묘사로 우리의 관심을 끌어당긴다. 〈네덜란드의 속담〉에 비해 〈맹인의 우화〉에서 맹인에 대한 묘사는 훨씬 섬세하다. 맹인들의 어리둥절한 얼굴표정과 어정쩡한 자세도 그렇거니와 그들의 행색은 당시 맹인의 실생활을 가늠케 한다. 그런가하면 또한 맹인들의 눈 상태를 묘사한 것에 주목할 필요가 있다. 브뢰헬은 그림 속 맹인들의 눈 상태를 제각각 다 다르게 묘사하였다.

그림 속 맹인들의 눈에 대한 묘사는 당시 시각장애 발생의 주요 원인들을 추정해 보게 한다. 마이클 말모어(Michael Marmor)는 현대 의학에 기초하여 그림 속 맹인들의 눈에 대한 안과적 견해를 제시하였다. 그림 속 첫 번째 맹인은 자빠져서 눈 상태를 확인할 수 없다. 그렇지만 두 번째 맹인은 눈 주위가 움푹 들어간 것이 안구적출(enucleation), 세 번째 맹인은 눈이 하얀 것이 각막백반(corneal leukoma), 네 번째 맹인은 안구함몰(enophthalmic), 다섯 번째는 모자를 깊이 눌러쓴 것이 빛에 대한 공포(photophobia)로 인한 총체적 시각장애, 마지막 여섯 번째 맹인은 수포창(pemphigus)으로 인한 시각장애로 보인다는 것이다.[56] 앞의 지체장애인과 마찬가지로 브뢰헬이 평소에 얼마나 세심하게 주위의 시각장애인들을 관찰하였는지 엿볼 수 있다. 그 정도의 관심이라면 당시 시각장애인들의 삶의 애환도 넉넉히 살폈으리라 짐작해 볼 수 있다.

맹인의 우화는 예나 지금이나 세상에 널리 알려진 비유이다. 브뢰헬은 이 맹인을 누구에게 빗댄 것일까? 실제 시각장애인을 지목한 것은 분명히 아니다. 브뢰헬이 로마 가톨릭 교인이었을 것이라고 주장하는 그로스만(Fritz Grossmann, 1902~1984)은 작품 속 맹인은 참된 종교에 눈을 감은 자, 그 사명을 인식하지 못한 자, 이러한 인간은 길을 잃고 어두운 심연 속으로 빠져든다고 해석하면서 종교개혁 진영의 지도자들이라고 하였다. 반대로 막스 드보르작(Max Dvořák, 1874~1921)은 맹인은 로마 가톨릭 교회라며 이 작품은 겉모습과 달리 속으로 병들어 있는 구질서에 대한 신랄한 풍자라고 보았다.[57]

이 그림은 단순히 실제 시각장애인을 비하하거나 모욕하려는 의도가 있는 것이 아니다. 사회에서 정치적으로나 종교적으로 지도자 그룹에 속한 사람들의 무지와 위선을 지적하고 풍자하는 것이다. 물론 개인적으로는 자기 자신을 성찰하여 항상 겸손과 진실, 정직과 배움의 길로 정진해 나갈 것을 교훈한다. 오늘날 실제 무리를 이끌어가는 무지한 맹인이 누구일까? 확실한 것은 적어도 실제 시각장애인은 아니라는 사실이다. 오히려 시각장애인을 그렇게 보는 비시각장애인은 아닐까? "예수께서 이르시되 너희가 맹인이 되었더라면 죄가 없으려니와 본다고 하니 너희 죄가 그대로 있느니라"(요 9:41).

시각장애인의 이동권

시각장애인이 시각장애인을 인도한다는 것은 매우 불편한 이야기이다. 보이지 않는 눈을 가지고 길을 가는 것은 매우 어렵고 위험한 일이다. 그러나 꼭 가야만 한다면 어떻게 해야 할 것인가? 장애인의 이동권은 장애인이 살아가는 데 매우 중요한 문제이다. 흔히 이동권을 지체장애인이나 뇌병변장애인의 문제로만 생각하는 경향이 있는데, 이동권은 모든 장애인을 넘어 모든 사람들의 권리이다. 시각장애인들에게도 매우 중요한 문제이다.

시각장애인이 이동할 때 친절하게 안내해주는 비장애인이 있다면 좋겠다. 이 때 비장애인이 약 반보 정도 앞서 가고 시각장애인은 정안인의 팔을 잡고 간다. 함께 가면서 주변 상황도 알려주고 살아가는 이야기도 나눈다면 더욱 안전하고 편안하고 의미 있는 시간이 될 것이다. 만약 시각장애인 혼자 가야한다면 어떻게 할까? 시각장애인이 홀로 길을 갈 때에는 많은 경우 케인(white cane)이라고 불리는 흰 지팡이를 사용하여 길을 간다. 케인은 시각장애인에게 가는 길의 방향과 사정을 파악하는 데 도움을 준다.[58] 케인은 1946년 미국의 안과의사 후버(Richard Hoover)가 이전의 투박한 지팡이를 개량 제작하여 보급하였다. 그래서 오늘날 케인은 시각장애인, 특히 시각장애인의 독립성을 상징한다. 시각장애인을 위해 공공도로에 안내유도블록을 설치해 놓았는데, 그 길에 사람이 서 있거나 물건을 두어 방해해선 안 된다.

지금 장애인의 이동권에 대한 논의와 투쟁이 치열하다. 장애인 역시 비장애인과 마찬가지로 온 세계를 누비고 다닐 수 있어야 한다. 특히 가고자 하는 곳에 안전하고 편하고 신속하게 도달할 수 있어야 한다. 정부와 사회는 그런 기반을 마련하기 위해 노력하여야 한다. 현재 시각장애인들의 이동은 주로 케인을 이용하여 홀로 가는 경우가 많다. 이런 경우 주위의 사람들은 시각장애인의 이동을 따듯하게 도와주어야 한다. 섣불리 나설 것도 아니지만, 적어도 길을 막지는 말아야 한다. 특히 점자 유도블록을 가로막거나 그 앞에 물건을 두어선 안 된다. 약 3,500년 전의 고대 이스라엘의 율법에도 보면 시각장애인 앞에 장애물을 놓지 말라고 경고하고 있다. “너는 귀먹은 자를 저주하지 말며 맹인 앞에 장애물을 놓지 말고 네 하나님을 경외하라 나는 여호와이니라”(레 19:14).

그런가하면 최근에는 시각장애인의 이동을 돕는 시각장애인 도견이 있다. 시각장애인안내견이라고도 불리는 이 개들은 잘 훈련된 개이므로 건물이나 모임에 출입과 동반을 허용해 주어야 한다. 개 중에서도 특히 온순하고 순종적인 골든 리트리버(Golden Retriever)와 래브라도 리트리버(Labrador Retriever)가 주로 이 일에 쓰임받고 있는데, 훈련이 잘되어 있으므로 어디에서나 시각장애인인 도견을 거부하지 말고 출입을 허용해 주어야 한다. 가고 싶은 곳에 갈 수 있는 것은 인간의 기본적인 자유이다.

장애 관련 속담에 대해서

우리나라 속담에도 장애인이 등장하는 속담들이 있다. 예를 들어 꿀 먹은 벙어리, 장님 코끼리 만지기. 눈 뜬 장님, 벙어리 냉가슴 앓듯 하다, 귀머거리 삼년, 병신 육갑하네, 울력걸음에 봉충다리, 절름발이 원행 등. 대개 그 속담들 속에는 장애인에 대한 편견이 들어있다. 그리고 그런 편견은 그 속담을 사용하면 사용할수록 그 속담이 정말 의미하는 바와 상관없이 장애인에 대한 선입견을 심어주고, 장애인 비하와 차별을 정당화시킨다. 그런 점에서 그런 속담을 사용하는 일은 매우 경계하고 주의하여야 한다.

그럼, 이런 속담에서 단순히 장애인을 지칭하는 옛 폄하 용어를 오늘날의 장애인으로 바꾸면 될 일인가? 꿀 먹은 언어장애인, 시각장애인이 코끼리 만지기, 지체장애인의 먼 길가기 등. 언어가 순화가 된 것 같기는 하지만 장애인을 좋지 않는 교훈에 연루시켜 말하는 것은 결국 장애인에 대한 편협하고 부정적인 이해를 고스란히 반영되어 있고, 급기야는 순화된 장애인 용어마저 어느새 사회적으로 장애인을 비하하는데 사용되기에 이른다. 언어는 사회적인 것으로서 그 사회에서 어떻게 통용되느냐에 따라 긍정적으로 되기도 하고 부정적으로 되기도 한다. 바른 언어의 바른 사용이 편견과 선입견을 해소한다.

장애 관련 속담도 문화라고 한다면 적어도 장애인이 사회의 당연한 일부로 받아들여지고 있었음은 인정해야 할 것이다. 그런 의미에서 장애차별의 역사와 현실을 드러내기 위한 의도적인 사용에서도 신중하여야 하고, 무엇보다 장애인 관련 속담을 새로 만드는 작업을 시도하여야 할 것이다. 그것은 장애인의 부정적인 측면이 아니라 장애인의 긍정적인 측면을 부각하여 인생에 귀한 교훈을 줄만한 속담들을 만들어내는 일이다. 그것은 사회 속에서 장애인에 대한 그릇된 선입견과 편견을 제거하고 오히려 장애인을 좋아하고 귀히 여기게 하는데 기여하게 될 것이다. 장애와 관련하여 이제 장애인을 아끼고 사랑하고 위하도록 새로운 속담 만드는 작업을 시작하여야할 것이다.

장애와 관련하여 함께 생각할만한 좋은 문구들이 있다. 예를 들어 레슬리 뉴비긴(Lesslie Newbigin)의 "장애인 없이는 온전하지 않다(Not whole without the handicapped)."[59] 또는 제임스 찰턴(James Charlton)의 "우리 없이 우리에 대한 것은 없다(Nothing about us without us)."[60] 필자도 여러 가지를 생각해 본다. 예를 들면, "장애인과 함께 웃고 장애인과 함께 울라", "모든 것을 장애인과 함께", "우리 공동체가 어떤 공동체인지는 장애인에게 물어보라", "장애인에게 좋으면 다른 사람에게도 좋다."

3

엘 그레코의
<맹인을 치유하는 그리스도>

엘 그레코, 〈**맹인을 치유하는 그리스도**〉,
1570년대, 캔버스에 유채, 119×146cm, 메트로폴리탄 미술관, 뉴욕

3

엘 그레코의
<맹인을 치유하는 그리스도>

그림 들여다보기

이 그림은 무엇을 그린 것일까? 사람들이 화면을 가득 채운 것이 뭔가 사연이 많아 보인다. 일단, 배경과 주변 인물들을 빼고 보면, 가운데 붉은 옷에 푸른 겉옷을 걸친 분이 아마도 이 그림의 주인공인 것 같다. 그는 오른손으로 옆에 반 무릎을 꿇고 있는 사람의 눈을 만지고 왼손으로 그 사람의 왼손을 잡아 일으켜 세우고 있다. 반 무릎을 꿇고 있는 사람은 아마도 눈에 무슨 문제가 있어 보인다. 그렇다. 그는 맹인 곧 시각장애인이다. 시각장애란 시각에 이상이 생겨 앞을 보지 못하는 장애이다.

붉은 옷에 푸른 겉옷을 걸친 인물? 붉은색과 푸른색 의상은 전통적으로 거룩한 성인의 의상으로 주로 예수 그리스도를 표현하는데 사용하였다. 예수는 밝고 환한 빛 가운데 거룩하게 서 있는데 반해 맹인은 검은 피부에 반 무릎으로 앉아 있어서 대조를 이룬다. 이 그림은 예수가 맹인을 치유하는 그림이다. 뒤의 건물을 살펴보면 이탈리아, 아마도 로마의 시내거리를 배경으로 한 것 같다. 짙푸른 하늘엔 회색 구름이 어지러이 펼쳐있다.

그림의 채색이 특이하다. 균일한 단색도 아니고 원근법에 따른 색상도 아니다. 밝고 흰 색이 인물들의 몸이며 의상에 희끗희끗 칠해져 있다. 매우 인위적인 세련된 채색이다. 이러한 채색은 엘 그레코(El Greco, 1541~1614)의 화풍으로 유명하다. 이 그림은 엘 그레코의 〈맹인을 치유하는 그리스도〉(Christ Healing the Blind, 1570s)라는 작품이다. 엘 그레코는 이 주제로 여러 번 작업을 하였다. 현재 세 개의 작품이 남아 있는데, 그중 이 작품이 가장 나중에 제작된 것으로 보인다. 1578년에 제작되었다는 설이 우세하다.

그림에서 흥미로운 점은 좌우가 엇비슷한 대칭 구도를 이루고 있다는 것이다. 가운데를 기준으로 하여 좌우 양쪽 끝에 일군의 무리들이 모여 있다. 가운데 전면에는 한 쌍의 남녀가 위치하고 있고, 뒤에 중간에는 한 쌍의 노인과 젊은이가 작게 위치하고 있다. 하단의 남녀는 예수가 맹인을 고치는 장면을 바라보고 있고, 그림 중간의 노인과 젊은이는 서로 머리를 맞대고 무엇인가 깊이 논의하고 있다. 예수와 맹인을 제외하면 좌우 양쪽에 열띤 토론을 하는 무리들이 서로 대칭을 이루고 있다. 근대에 이르기까지 회화에선 사람이 등지고 서 있는 뒷모습을 잘 그리지 않았다. 그런데 이 그림에선 특이하게 왼쪽과 오른쪽 모두 한 사람씩 등을 진채로 대화를 주도하고 있다. 왼쪽의 등진 사람은 상의를 벗었고, 오른쪽의 등진 사람은 상의를 입었다. 이들은 도대체 무슨 이야기를 저리도 열렬히 하고 있는 것일까?

성서의 대표적 장애로서 시각장애

시각장애는 예로부터 지금까지 지체장애와 더불어 장애의 대표라 할 수 있다. 오늘날에는 장애범주도 많이 확대되어 일상생활에 상당한 제약을 받는 여러 신체적·정신적 조건들을 장애로 규정하고 있지만, 옛날에는 겉으로 보기에 외관상 확연히 드러나는 신체적 손상이나 기능적 제약을 주로 장애로 규정하였다. 보지 못하는 것은 걷지 못하는 것만큼이나 주위에서 금방 식별되는 장애였다.

성서에서도 시각장애는 지체장애와 더불어 대표적인 장애이다. 앞을 보지 못하는 것은 일상생활에 큰 불편을 가져다주었고, 사회생활도 어렵게 만들었다. 옛날에 맹인은 변변한 직업도 얻기가 어려워 주로 구걸하며 연명하여야 했다. 그래서 맹인은 사회에서 불쌍한 존재이며 소외된 존재였다. 또한 시각장애는 예로부터 앞을 분간하지 못하여서 무지에 비유되곤 하였는데, 성서에서는 영적 무지를 지적하는데 종종 비유로 사용되곤 하였다(왕하 6:17-18, 사 29:9, 18, 42:18, 43:8, 습 1:17, 마 15:14, 23:16-24, 눅 6:39, 요 9:39-41, 벧후 1:9).[61]

그래서일까? 예수가 고쳐준 사람들의 한 부류도 맹인들이었다. 맹인이 눈을 떠서 본다는 것은 당시 상식으로는 불가능한 일이었다. 그래서 맹인 치유는 구약으로부터 예언된 메시아의 대표적인 징표였다. 하나님의 메시아가 와서 보지 못하던 사람을 보게 할 것이라고 예언되었다(사 29:18, 35:5). 그런데 예수가 맹인의 눈을 열어 보게 하였다. 복음서는 예수가 하나님의 아들 메시아 곧 그리스도임을 소개한다. 또한 시각장애는 종종 흑암의 인생과 암흑의 세상에 비유되곤 하는데, 예수 그리스도는 흑암의 인생에 생명의 빛을, 암흑의 세상에 희망의 빛을 비추어 주었다. 그래서 예수가 맹인을 치유한 그림은 기독교 초기부터 예수 그리스도를 알리는 대표적인 그림으로 사용되었다.

예수의 맹인 치유 그림의 역사

예수가 맹인을 고친 사건은 실로 놀라운 일이었다. 그것은 구약에 예언된 메시아의 사역이었으며 예수가 자신을 메시아 곧 그리스도로 입증한 사건이었다. 예수는 나사렛에서 공생애를 시작할 때 이사야서를 읽으며 그의 사역을 천명하였는데, 거기에는 눈 먼 자를 다시 보게 할 것이라는 내용이 들어있었다(눅 4:18-19). 또 세례 요한의 제자들이 예수에게 기다리던 메시아인지를 물었을 때 그는 자신이 하고 있던 사역으로 대답하였는데, 거기에도 맹인이 보게 되었다는 내용이 들어있었다(눅 7:22). 예수의 치유 사역은 예수의 정체성을 드러내는 중심 사역 중의 하나였고, 그 대표적인 치유 중의 하나가 맹인 치유였다.

일찍이 4세기경 로마시대의 석관 장식에서 예수의 맹인 치유 그

〈두 형제의 석관〉,
350년경, 대리석, 피오-클레멘티노 박물관, 바티칸

〈마르쿠스 클라우디아누스의 석관〉,
350년경, 대리석, 피오-클레멘티노 박물관, 바티칸

림을 심심찮게 목격할 수 있다. 〈두 형제의 석관〉(Sarcophagus of the Two Brothers, c. 350) 하단 오른쪽 중앙에는 예수가 맹인의 눈에 손을 대어 고쳐주고 있고, 〈마르쿠스 클라우디아누스의 석관〉(Sarcophagus of Marcus Claudianus, c. 350) 하단 오른쪽 중앙에도 예수가 맹인의 눈에 손을 대어 고쳐주고 있다. 이 그림들은 모두 요한복음 9장의 예수의 맹인 치유 기사를 모티브로 하고 있다.

또한 중세의 그림에서도 예수의 맹인 치유 사건을 발견할 수 있다. 11세기의 산탄젤로(Sant'Angelo) 성당의 프레스코화 〈맹인을 치유하는 그리스도〉(Christ Healing the Blind Man, c. 1080)가 대표적인 작품이다. 그림 왼쪽 중앙에 십자가 문양의 후광을 한 인물은 예수 그리스도이고, 그 뒤를 따르는 두 사람은 그의 제자들이다. 예수는

익명의 로마네스크 화가, 〈**맹인을 치유하는 그리스도**〉, 1080년경, 프레스코, 산탄젤로 성당, 카푸아

오른손으로 마주한 맹인의 눈을 만지고 있다. 맹인은 오른손으로 지팡이를 짚고 있다. 그림 오른쪽에는 한 사람이 샘에서 자신의 눈을 씻고 있다. 그의 몸과 옷을 볼 때, 그는 예수가 손으로 눈을 만지던 바로 그 사람이다. 그러므로 이 그림에 등장하는 맹인은 두 명이 아니라 한 명이다. 한 명의 동일인물로서 맹인이었을 때와 치유 후의 모습으로 1인 2역을 하고 있는 것이다. 그림의 내용은 예수님이 손으로 눈을 만진 맹인이 샘에서 눈을 씻고 눈을 떴다는 내용이다. 이 그림 역시 요한복음 9장의 예수의 맹인 치유 기사를 모티브

두초, 〈**맹인의 치유**〉,
1308~1311년, 목판에 템페라, 45×47cm, 런던 국립미술관, 런던

로 하고 있다.

이 그림은 두초(Duccio, c. 1255~1319)의 마에스타(Maestà)에 들어 있는 〈맹인의 치유〉(Healing of the Blind Man, 1308-1311)라는 작품이다. 두초는 조토(Giotto di Bondone, 1267~1337)와 더불어 르네상스 회화의 문을 연 인물이다. 두초의 이 그림은 중세의 전통을 이어받고 있다. 구성과 내용은 중세적인데, 표현과 묘사는 보다 근대적이다. 이 그림 역시 두 명의 맹인이 등장하는 것 같으나 사실은 동일한 인물이다. 예수가 맹인의 눈에 진흙을 발라주는 장면과 이후에 그 맹인이 실로암 못에서 눈을 씻고 보게 된 장면을 묘사한 것이다. 그래서 앞에선 맹인이 지팡이를 짚고 있지만 뒤에선 지팡이를 내버렸다. 이 역시 요한복음 9장의 맹인 치유 기사를 모티브로 삼고 있다.

도상학과 도상해석학

미술사 연구방법들 중에 도상학(圖像學, Iconography)이라고 하는 것이 있다. 그림이나 조각에서 어떤 종교적, 도덕적, 정신적 의미를 가지고 있는 도상을 비교하고 분류하는 연구 방법이다. 도상학은 일반 미술작품 연구에 사용하기도 하지만 대개는 종교 미술작품, 특히 기독교 미술작품 연구에 주로 사용한다. 그것은 1850년경 종교예술에 대한 관심에 따라 디드롱(Adolphe Napoleon Didron,

1806~1867)에 의해 주도되었는데, 기독교 미술의 인덱스 작업의 성격을 가지고 있다. 도상학은 초기 기독교 미술에서부터 근대에 이르기까지 도상의 의미와 변화 등을 연구하여 기독교 미술의 상징적이고 교리적 내용을 체계적으로 기술한다.

20세기에 들어와서 파노프스키(Erwin Panofsky, 1892~1968)는 도상해석학(Iconology)이라는 방법론을 제창하였다. 이것은 단순히 도상의 분류에만 머무르지 않고, 도상의 본래적 의미를 해석하고, 그 내용과 형식 간의 관계를 연구함으로써 미술작품을 종합적으로 이해하려는 연구방법이다. 파노프스키는 눈에 보이는 대로 일차적으로 그림을 읽은 전-도상학적(pre-iconographic) 기술 단계, 관습과 전

엘 그레코, 〈맹인을 치유하시는 그리스도〉,
1567년경, 패널에 유채, 65.5×84cm, 드레스덴 미술관, 드레스덴

례에 대한 지식을 따라 그림을 읽는 도상학적 분석 단계를 넘어 그림의 형식과 맥락 속에서 그림의 본질적 의미를 종합적으로 읽어 내는 도상해석학적 해석 단계로 나아갈 것을 제안하였다.[62)]

예수의 맹인 치유 그림이 기독교 초기부터 계속 이어져 온 작업이라면 이 작품을 이해하는데 도상학과 도상해석학적 접근은 매우 유용하고 유익하다. 예수의 맹인 치유 그림에는 전통적으로 예수와 맹인이 등장한다. 대개의 작품에서 예수는 맹인의 눈을 만지고 있다. 또 맹인은 대개 지팡이를 가지고 있다. 지팡이는 예로부터 맹인의 생활필수품으로서 때로 맹인을 상징한다. 예수가 손으로

엘 그레코, 〈**맹인을 치유하시는 그리스도**〉,
1570~1575년, 캔버스에 유채, 50×61㎝, 국립미술관, 파르마

맹인의 눈을 만짐으로써 맹인의 시각장애를 분명히 하며 또한 맹인이 눈을 뜨는 치유의 역사도 분명히 한다. 예수의 맹인 치유 그림은 주로 요한복음 9장을 기본 텍스트로 삼고 있다.

엘 그레코의 그림이 이전의 다른 화가들이 그린 맹인 치유 그림과 다른 점은 바로 그 주위에 등장하는 토론 내지 논쟁하는 사람들의 배치이다. 예수의 맹인 치유 사건을 그린 그림들 중에는 예수의 제자들이나 무리들이 등장하는 그림을 종종 발견할 수 있다. 그러나 이 그림처럼 극단적으로 그림의 좌우에 이렇게 큰 면적을 차지하며 무게 있게 배치한 작품을 찾아보기는 어렵다. 엘 그레코는 의도적으로 예수의 맹인 치유 사건에 대한 토론 내지 논쟁을 부각시키고 있다. 그것도 두 부분으로 구별하여서 말이다. 이것은 엘 그레코가 이 주제를 그린 이전의 다른 두 작품에서도 동일하다. 엘 그레코 자신의 앞선 두 작품과의 차이점을 굳이 찾자면 맹인의 지팡이가 사라졌다. 그만큼 맹인의 주체성을 강조하는 것 같다.[63]

요한복음 9장의 맹인 치유 기사

그럼, 요한복음 9장에 기록된 예수의 맹인 치유 기사는 어떤 내용인가? 복음서는 예수의 행적을 기록한 책이다. 예수는 많은 병자와 장애인을 고쳐주었는데, 그중에 대표적인 한 부류가 맹인이다. 그래서 복음서에는 맹인 치유 기사가 여러 군데 등장한다. 포

괄적으로 여러 병자를 고쳤다는 기록도 있고, 또 그냥 맹인들을 고쳤다는 기록도 있다(마 11:2-6, 15:29-31, 21:14, 눅 7:21-23). 그리고 마태복음 9장과 20장, 마가복음 8장과 10장, 누가복음 18장과 요한복음 9장에는 개별적으로 맹인을 고쳐준 사건을 구체적으로 기록하였다. 요한복음은 마태, 마가, 누가복음과 달리 예수의 수많은 이적들 중 딱 일곱 가지만을 선별하여 기록하였다. 그중의 하나가 바로 9장에 기록된 맹인 치유 기사이다. 요한복음에서 예수가 맹인을 치유한 기록은 이곳뿐이다. 기사의 내용은 다음과 같다.

예수가 제자들과 함께 길을 가고 있었는데, 마침 거기에 나면서부터 맹인 된 사람이 있었다. 제자들은 예수에게 이 사람이 맹인으로 난 것이 누구의 죄 때문인지 물었다. 그의 죄 때문인지? 아니면 그의 부모의 죄 때문인지? 그러자 예수는 그의 죄나 부모의 죄 때문이 아니라 그에게서 하나님이 하시는 일을 나타내기 위함이라고 대답하였다(요 9:3). 그리고 예수는 진흙에 침을 뱉어 이겨서 그것을 그의 눈에 바르고, 그에게 실로암 못에 가서 씻으라고 하였다. 맹인은 예수의 말씀을 따라 실로암 못에 가서 진흙을 바른 눈을 씻었는데, 신기하게도 눈이 밝아져 보게 되어 돌아왔다. 맹인 치유 사건은 이렇게 일단락된다. 미술사에서 예수의 맹인 치유를 주제로 그린 그림들은 대개 전통적으로 이 요한복음 9장의 기사를 기본 모티브로 하였다.[64)]

그런데, 요한복음 9장은 이 사건으로 다 끝난 것이 아니다. 요한복음 9장은 이후에 이 사건을 계기로 일어난 긴 변론을 기록하고 있다. 분량으로 보면 사건보다 변론이 훨씬 길다. 정리하면, 요한복음 9장은 맹인 치유(요 9:1-12)와 그 치유로 인한 논쟁(요 9:13-41)으로 구성되어 있다. 전반부는 사건의 발단으로서 예수가 맹인을 고쳐 주는 사건이고, 이후로는 치유 사건을 계기로 바리새인들과 유대인들이 맹인이었던 사람을 데려다 심문하고 추궁하는 변론의 과정이다. 그들은 그가 정말로 맹인이었던 사람이 맞는지, 그렇다면 그가 어떻게 눈을 뜨게 되었는지, 그리고 그를 고쳐준 사람을 누구라고 생각하는지에 대해서 집요하게 추궁하였다. 사실 그들은 예수의 죄를 찾기 위해 그를 추궁한 것이었는데, 정작 예수에 대해서는 아무런 죄도 발견하지 못하였고 도리어 맹인이었던 사람은 이 논쟁을 통해 예수를 그리스도로 확실히 알게 되었다.[65)]

예수의 장애해방선언

전통적으로 예수의 맹인 치유 그림들은 요한복음 9장의 기사를 기본 모티브로 삼고 있다. 거기에는 그럴만한 몇 가지 이유가 있다. 먼저, 문학적으로 치유 사건이 구체적이고 세밀하게 잘 구성되고 기록되어 있다. 둘째, 신앙적으로 이 사건은 단순히 치유 기사를 넘어서 치유 사건을 통해 예수를 그리스도로 알고 믿는 신앙 사건이 기록되어 있다. 셋째, 신학적으로 이 사건은 장애와 장애인에 대한 기독교의 이해를 새롭게 제공해 준다.

다시 엘 그레코의 그림을 들여다보기로 하자. 예수가 시각장애인을 치유하는 사건을 묘사한 장면을 가운데 두고 양 쪽으로 일군의 무리들이 각자 무엇인가 자기들끼리 열띤 토론을 하고 있다. 양 그룹 모두 제일 전면의 사람이 등을 보인 채 뒤돌아서서 그룹 토론을 주도하고 있다. 양 그룹이 서로를 마주 대하여 논쟁을 하는 것 같지 않다. 그림에서 두 그룹을 멀리 양분해 놓은 것을 보면 아마도 양 그룹의 토론 주제가 각기 다른 것 같다. 이들은 도대체 무슨 이야기를 저리도 열심히 나누고 있는 것일까?

먼저 왼쪽에 그림을 보자. 가까이 예수와 맹인이 있는 것으로 보아 이곳에서의 토론의 주제는 이 사람이 나면서부터 맹인이 된 것이 누구의 죄 때문인가에 관한 토론으로 보인다. 흥미로운 것은 요한복음 9장의 전반 시작 부분과 후반 마감 부분에 장애와 관련하여 예수의 놀라운 선언이 담겨 있다는 것이다. 예수의 이 선언은 장애에 관한 당시의 상식을 완전히 뒤집어엎는 선언이었으며, 이것은 당시는 물론 지금까지도 숱한 토론과 논쟁을 불러일으키고 있다. 필자는 이것을 가리켜 일찍이 '예수의 장애해방선언'(障礙解放宣言)이라고 말한 바 있다.[66)]

예수와 그의 일행이 길거리에서 구걸하는 맹인을 만났다. 제자들은 예수에게 이 사람이 맹인으로 태어난 것이 이 사람의 죄 때문인지 아니면 그 부모의 죄 때문인지를 물었다. 여기에는 장애에 대한 당시의 사회적 통념이 전제되어 있다. 옛날 이스라엘에선 질병과 장애를 당사자의 죄나 그 부모의 죄에 대한 하나님의 징벌로 여겼다. 그것은 더 나아가 장애를 곧 죄 또는 죄의 결과로 받아들이게 하였고, 병자나 장애인을 죄인으로 정죄하게 하였다. 제자들의 질문은 당연한 질문인 동시에 매우 호기심이 가는 질문이었다. 이 맹인이 나면서부터 선천적으로 장애인이었기에 그의 장애가 과연 그 자신의 죄로 말미암은 것인지 매우 의심스러웠기 때문이다. 태어나기도 전에 모태에서부터 징벌 받을 만한 죄를 저지를 수 있을까? 그래서 혹시 그의 부모의 죄 때문은 아닌가 묻게 된 것이었다.

그런데 예수의 대답은 당시의 통념을 근본부터 완전히 무너뜨리는 놀라운 것이었다. 그가 맹인이 된 것은 자신의 죄도 아니고 그의 부모의 죄도 아니라고 하였다. 제자들이 사회적 전통과 통념을 따라 제시한 선택지가 모두 과녁을 벗어났다. 예수는 이 사람의 장애가 누구의 죄 때문이 아니라 하나님의 일을 나타내기 위한 것이라고 대답하였다. 이것은 완전히 다른 관점이며, 전혀 다른 차원이다. 사회적 통념은 장애를 죄의 결과로 보고, 그래서 과거에서 원인을 찾고, 그래서 누군가의 죄를 들추어 정죄하려고 하는데 반해 예수의 대답은 장애를 미래를 위한 것으로서 장차 그를 통해 드러날 하나님의 일을 이루는 것으로 보고, 장애인을 하나님의 일꾼으로 세우고 있다.

이것이 장애에 대한 기독교적 이해이고 복음적 이해다. 장애는 불행한 인생의 어떤 부정적인 것이 아니라 하나님을 위한 거룩한 인생의 매우 긍정적인 것이다. 이것이야말로 다른 어떤 종교가 가지고 있지 않은 기독교의 정체성을 드러내는 기독교의 고유한 장애 이해이다. 가히 '예수의 장애해방선언'이라고 할 만하다.[67] 단순히 맹인의 눈을 고쳐주는 것만이 아니다. 이 세상에 만연해 있는 장애에 대한 편견 곧 장애이데올로기를 깨고 복음의 관점, 희망의 관점에서 장애와 장애인을 보게 한다. 장애가 하나님의 일을 나타내는 계기이자 통로요 도구이자 방법이 될 수 있고, 장애인이 하나님나라를 위한 일꾼이 될 수 있다.

다음으로 오른쪽 그림을 보자. 역시 일군의 무리들이 열띤 논쟁을 하고 있다. 그런데 그들의 인상이며 몸짓이 훨씬 사납고 공격적이다. 이 사람들은 아무래도 제자들이라기보다는 맹인이었던 사람을 심문하고 거칠게 몰아붙였던 바리새인과 유대인들 같다. 그런데 매우 아이러니하게도 이 심문과 변증 과정을 통해 맹인이었던 사람은 오히려 예수가 누구인지 분명하게 알게 되었고, 그래서 오히려 바리새인들에게 예수님을 증거하고 전하게 되었다. "…당신들도 그의 제자가 되려 하나이까"(요 9:27). 맹인이었던 사람은 자기를 고쳐주신 예수에 대해서 처음에는 예수라 하는 사람이라고 하였다가 다음에는 선지자(요 9:17)라고 하였고, 나중엔 인자 곧 그리스도로 고백하였다(요 9:35-38).

요한복음 9장 마지막 부분, 예수는 맹인이었다가 고침을 받아 유대인의 심문을 받았던 사람을 다시 만났다. 다시 만난 그는 예수를 믿고 예수를 그리스도로 고백하였다. 그때에 예수는 자신이 이 세상에 온 목적을 소개하기를 보지 못하는 자들은 보게 하고 보는 자들은 맹인이 되게 하려 함이라고 하였다. 그러자 함께 있던 바리새인들이 이 말을 듣고 발끈하여 그럼 우리가 맹인이냐고 따져 물었다. 그 때에 예수는 너희가 맹인이 되었더라면 죄가 없으려니와 본다고 하니 너희 죄가 그대로 있다고 하였다. 정안인이 정안인이라고 하기에 맹인이고 죄가 있고, 맹인이 맹인이라고 하기에 맹인이 아니며 죄가 없다는 것이다.[68] 이 무슨 의미일까? 이 역시 충분히 논쟁할만한 주제이다. 필자는 이것을 '예수의 장애전복선언'(障礙顚覆宣言)이라고 부르고 싶다. 세상에서 사람들이 일반적으로 가지고 있는 장애관을 완전히 뒤집어엎은 것이다. 장애인이 비장애인이고 비장애인이 장애인이다.

사실 서로 사랑으로 섬긴다면, 장애인과 비장애인의 구별이 왜 필요할까? 장애인과 비장애인의 구별은 은연중에 본의 아니게 차별로 흘러갈 때가 많다. 사용자의 의도에 따라, 사회적 통념에 따라 구별은 차별에 이용당한다. 그러기에 만약 무슨 구별이 있다면 그것은 오직 사랑의 섬김을 위한 것이 되어야 한다.

예수가 시각장애인을 치유한 사건은 단지 육체적인 치료만이 아니라 영혼의 구원, 인간관계의 회복, 사회로의 복귀, 거듭난 인생의 소망, 하나님나라의 일꾼으로서의 소명과 사명, 사회의 변화 등 전인적이며 전사회적인 사건이다. 예수의 장애해방선언은 장애인의 육체적 장애로부터의 해방뿐만 아니라 당시의 장애에 대한 그릇된 인식으로부터의 해방이다. 이것은 장애에 대한 그릇된 이데올로기에 갇혀 있는 장애인과 비장애인 그리고 그들이 살고 있는 사회 전반을 하나님나라를 향하여 해방시킨다.

장애인식개선

장애인에 대한 인식의 개선은 여전히 필요하다. 아니, 더욱 절실하다. 지난 30년간 한국의 장애인복지는 상당히 발전하였다. 세계 10대의 경제대국으로서 복지 예산의 엄청난 증가와 함께 다양한 정책과 양질의 복지 서비스가 제공되고 있다. 물론 여전히 갈 길은 멀고, 도움을 필요로 하는 장애인과 가족들은 많다. 이제는 다른 선진국의 어떤 복지 제도나 정책보다 한국 현실에 어울리는 한국형 복지를 만들어 갈 때이다. 그래서 모든 장애인의 존엄과 인권이 존중되고 장애인 각자의 개성과 재능이 발현되어 자신의 행복뿐 아니라 사회를 이롭게 하도록 하여야 한다.

그런데 문제는 장애에 대한 시민의식이다. 장애인복지의 가장 기본이자 근거이며 출발이 되는 동시에 핵심이 장애와 장애인에 대한 의식이다. 지난 30년 복지의 외양은 수만 배 성장하였지만 장애인식은 별로 나아지지 않았다. 고속의 경제성장 속에 미처 따라오지 못한 정신문화는 장애의 영역에서 그 천박한 밑바닥을 훨씬 더 잘 드러내고 있다. 여전히 장애인을 더럽고 추하고 악하고 미련하고 무례한 하등의 인간으로 생각한다. 장애를 장애인 개인의 과오와 나태로 알고, 장애인을 꺼려하고 경시하고, 장애인 소외와 차별을 정당화한다. 언제쯤 장애인에 대한 편견을 깨고 장애에 대한 의식을 새로이 할 수 있을까?

장애인식개선이라는 것이 참 어려운 일이다. 사람의 의식이라는 것이 좀처럼 변하지 않기 때문이다. 큰 충격적 경험이나 부단한 노력이 아니고선 좀처럼 바뀌지 않는다. 애써 의식하지 않으면 익숙한 구태로 돌아가고, 애써 실천하지 않으면 주위의 관행에서 벗어날 수 없다. 개인의 의식보다 사회적 의식은 더 더욱 어렵고 위험하다. 사회적 의식은 사회의 구성원들을 교육하고 답습시키기 때문이다. 인식을 새로이 하지 않으면 장애인 당사자도 비장애인도 그리고 사회도 전혀 변화시킬 수 없다.

장애인과 비장애인의 대립도 사회적 산물이다. 사실 장애인과 비장애인이 갈등하고 대적할 이유가 하나도 없다. 모든 인간은 존귀하며 평등하며 고유하다. 인간은 상호의존적 존재이다. 서로 기대고 의지하며 서로 도우며 함께 어울려 살아가는 존재이다. 최재혁은 불교의 장애관을 소개하며 장애는 부러진 가지 옆에 새로 핀 꽃이라고 하였다. 장애와 비장애는 하나의 뿌리에서 나왔으므로 서로 대립하고 갈등할 것이 아니라 평화로운 온전한 합을 이루어야 한다는 것이다. 곧 장애를 비추어 비장애인의 삶을 밝히고 비장애를 비추어 장애인의 삶을 밝힌다.[69] 그런 의미에서 장애인과 비장애인 역시 상호내재적 존재이며 상호협력적 존재이다.

장애는 개인의 문제가 아니다. 장애는 장애인과 그의 가족만의 문제가 아니다. 장애는 사회의 한 부분의 문제가 아니다. 보건복지부 산하의 한 부서의 문제도 아니고 특정 지역의 문제도 아니다. 장애는 우리 모두의 문제이며 우리 사회의 문제이고 온 세계의 문제이다. 장애는 모든 인간의 삶의 단면이며 사회의 모든 문제의 단면이다. 그래서 장애를 어떻게 대하고 다루느냐에 따라서 한 인간의 전 인생과 사회 전반이 영향을 받고 방향을 찾는다. 장애의 문제를 해결하면 인생의 다른 문제들과 사회의 다른 문제들을 해결하는 데에도 큰 도움을 받을 수 있다. 장애는 우리의 인생과 사회의 중요한 주제이다.

4

벨라스케스의
<시녀들>

벨라스케스, 〈**시녀들**〉,
1656년, 캔버스에 유채, 318×276cm, 프라도미술관, 마드리드

4

벨라스케스의 <시녀들>

그림 들여다보기

이 그림은 무슨 그림일까? 이 그림은 너무나 유명하여 굳이 다시 물을 필요도 없다. 이 그림은 17세기 스페인의 최고화가 벨라스케스(Diego Velázquez, 1599~1660)가 그린 〈시녀들〉(Las Meninas, 1656)이라는 작품이다. 이 작품은 1985년 예술가와 비평가들이 인류 역사상 가장 위대한 그림으로 뽑은 작품이다. 그래서였을까? 고야, 마네, 달리, 피카소 등 여러 화가들이 이미 가장 많이 따라 그린 작품이기도 하다. 무엇 때문일까? 이 작품 속에 무슨 매력이 담겨있는 것일까?

얼핏 보기에 그림의 내용은 단순해 보인다. 그림엔 누가 보아도 눈에 띄는 어린 공주가 예쁜 옷을 차려 입고 가운데 서 있다. 그리고 주위엔 시녀들이 그녀를 중심으로 위치하고 있다. 오른쪽 뒤의 문 계단에는 한 사람이 들어오려는 것인지 나가려는 것인지 결쳐 서 있고, 오른쪽 바닥에는 개 한 마리가 엎드려 있다. 그리고 그림의 왼쪽에 화가가 큰 화판을 앞에 세워두고 그림을 그리고 있다. 아마도 벨라스케스 본인일 것이다. 그러니까 쉽게 생각하면 지금 화가가 왕궁에서 공주를 그리고 있는 장면이다.

그런데 이 그림은 보면 볼수록 이상하고 난해하다. 우선, 그림을 그리는 화가가 그림 속에 들어있다? 그렇다면 누군가 또 다른 화가가 있어서 화면 밖에서 이 장면을 바라보며 그려야 한다는 이야기인데, 그것이 가능한 일일까? 누가 보아도 공주가 주인공 같은데, 공주 내지 공주와 시녀들을 그리면 될 일인데, 굳이 저렇게 화가를 또 한 명의 주인공 삼아 그려 넣을 필요가 있을까? 그림 속 누구도 화가에게 아무런 신경을 쓰지 않는데 말이다.

그림 속에 이 문제에 대한 단서가 있을까? 혹 단서가 될 만한 것이 있다면, 공주의 머리 위로 벽에 걸린 거울일 것이다. 거울에는 한 쌍의 남녀가 비치고 있는데, 그들은 누구일까? 아마도 공주의 아버지와 어머니인 왕과 왕비일 것이다. 그러니까 지금 보는 이 광경은 거울에 비친 그림이라 할 수 있다. 즉 그림 속 화가가 거울에 비친 방의 모습을 그리고 있는 것이다. 그러면 문제가 해결된 것 같은데, 아니다. 문제는 더 복잡해진다.

거울에 비친 그림이라고 하기엔 작품의 시각과 구도가 어딘가 들어맞지 않는다. 왕과 왕비는 여전히 그림 속 인물들과는 다른 공간에 존재한다. 거울에 비친 왕과 왕비는 현실에서 어디쯤 어떻게 있어야 할까? 이 장면을 그리고 있는 화가가 그림 속의 화가라고 한다면 그는 방에서 공주와 시녀들을 바라보지 않고 같은 방향을 향하고 있는 셈이다. 모두 다 거울 앞에 서 있어야 한다. 이 장면으로 거울에 비쳐 그리려면 아마도 벽면 전체가 거울이어야 할 것 같다. 그러기엔 그림 속 거울과 크기에서 맞지 않고 논리적으로도 또 거울 속의 거울이 되어버린다. 어색하기는 거울 속의 왕과 왕비도 마찬가지다. 왕과 왕비는 도대체 무엇을 보고 있었단 말인가? 그림 왼쪽에 위치한 화판의 뒷모습은 거울을 가리기에 충분하여 시각과 구도가 전혀 맞지 않는다. 아무래도 이 그림은 실제장면인지 화가의 생각 속에 있는 가상공간인지 분간하기 어렵게 만든다.

그래서일까? 이 작품에 관한 다방면에 걸친 접근들이 있다. 인식론적이고 철학적인 해석도 있고, 심리학적이고 정신분석학적인 해석도 있다. 미셸 푸코(Michel Foucault, 1926~1984)는 보이는 것과 보이지 않는 것, 그림을 바라보는 시선과 그려진 얼굴들의 시선을 고려하여 재현 그 자체를 재현하고 있다고 하였다.[70] 정은경은 그림 속 거울의 이미지를 통하여 현실 너머의 무의식의 세계로 들어가 그림 속에 숨겨진 화가의 무의식 속에 들어있는 불안과 욕망들을 추적하였다.[71]

이 시간 나의 관심은 그림 속에 등장하는 왜소증 장애인들이다. 그림에는 중앙에 위치한 공주보다 더 앞서 나온 존재들이 있다. 그들은 바로 그림 오른쪽에 위치한 두 명의 왜소증 장애인들과 그 앞에 엎드려 있는 개다. 화가는 왜, 어떤 연유로, 무슨 의도를 가지고 그들을 그려 넣었을까? 벨라스케스에게 왜소증을 가진 사람들은 어떤 의미였을까?

조금 더 깊이 그림 들여다보기

벨라스케스의 〈시녀들〉은 유명세만큼이나 그동안 많은 연구들이 있어 왔다. 그리하여 작품의 배경 및 그림 속 인물들에 대한 정보도 어느 정도 밝혀졌다. 여기서 먼저 그 내용을 살펴보는 것이 좋을 듯싶다.

그림 속 장소는 마드리드에 있는 펠리페 4세(Felipe IV, 1621~1665 재위)의 알카자르 궁전 내부에 있는 벨라스케스의 작업실이다. 본래 이 방은 황제 필리페 4세가 첫 번째 부인 이사벨 왕비 사이에서 낳은 아들 발타자르 카를로스(Baltasar Carlos, 1629~1646)의 방이었다. 그러나 1644년 이사벨 왕비가 죽고, 2년 후에는 카를로스 왕자마저 죽었다. 여러 해가 지나 1650년대 초반 펠리페 4세는 벨라스케스에게 궁정박물관의 조성을 맡기며 죽은 발타사르 카를로스의 방을 그의 작업실로 하사하였다.

다음으로 그림의 등장인물들을 살펴보자. 먼저, 가운데 위치한 어린 공주는 스페인의 황제 필리페 4세와 그의 두 번째 왕비 마리아나(Mariana of Austria, 1634~1696) 사이에서 태어난 딸 마르가리타(Margarita, 1651~1673)이다. 이후에 둘 사이에 두 명의 왕자가 더 태어났는데, 이 그림을 그릴 당시에는 마르가리타가 유일한 혈육이었다. 작품을 제작할 당시 마르가리타의 나이는 다섯 살이었다. 그녀는 훗날 신성로마제국 황제 레오폴트 1세(Leopold I, 1640~1705)와 결혼하였다.

공주의 좌우에는 두 명의 시녀들이 있다. 공주의 왼쪽에 있는 시녀는 도냐 마리아 아우구스티나 데 사르미엔토(Doña Maria Augustina de Sarmiento)인데, 그녀는 공주에게 물병을 건네며 살짝 무릎을 꿇고 있다. 공주의 오른쪽 약간 뒤로 물러서 있는 시녀는 도냐 이

사벨 데 벨라스코(Doña Isabel de Velasco)이다. 그리고 그 옆으로 매우 독특한 모습을 한 시녀가 있다. 그녀의 이름은 마리바르볼라(Maribárbola)인데, 그의 신체적 특성은 그녀가 왜소증을 가지고 있음을 알려주고 있다. 그리고 그 옆에는 왜소증을 가진 시동 니콜라시토 페르투사토(Nicolasito Pertusato)가 위치하고 있다. 그들 뒤에는 한 쌍의 남녀가 있는데, 그들은 왕비의 시녀장인 도냐 마르셀라(Doña Marcela de Ulloa)와 왕비의 수행원 돈 디에고 루이스(Don Diego Ruiz de Ascona)로 추정된다. 거울 오른쪽에 있는 문의 계단에는 왕비의 시종 돈 호세 니에토 벨라스케스(Don José Nieto Velàzquez)가 서 있다.

그리고 그림 왼쪽에 팔레트에 붓을 든 화가가 있다. 그는 분명 벨라스케스일 것이다. 특별한 것은 그의 가슴에 붉은색 십자가가 선명하게 그려져 있다는 점이다. 이것은 산티아고 기사단의 제복을 뜻한다. 벨라스케스는 그동안의 공을 인정받아 1658년에 펠리페 4세로부터 산티아고 기사단의 제복을 하사받았다. 그러나 벨라스케스가 귀족 출신이 아니라는 이유로 이전은 물론 이후에도 기사단 작위가 정당한지 여러 번의 심사를 거친 후 1659년에 이르러서야 마침내 공식적으로 기사단의 제복을 입을 수 있었다.[72)]〈시녀들〉이 1656년 작품임을 고려할 때 이 기사단의 표시는 나중에 그려 넣은 것이다.

그럼, 이들 중 과연 누가 이 그림의 주인공일까? 강필은 재미있게도 여러 답안을 보기로 제시하였다. 1번, 중앙에 화려한 조명을 받고 가슴에 빨간 장식까지 한 마르가리타 공주? 2번, 왜소증 장애인으로 정면을 응시하고 있는 마리바르볼라? 3번, 거울 속에 비친 왕과 왕비 곧 펠리페 4세와 마리아나? 4번, 그림 속 화가가 바라보고 있는 관람자 곧 우리들? 5번, 이 작품의 화가이자 그림 속에 등장하는 화가 벨라스케스? 누가 주인공일까? 강필은 정답이 없다고 한다, 모두가 주인공일 수도 있고 모두 다 아닐 수도 있다.[73)]

이 작품의 제목은 오랫동안 〈가족〉(La Familia)으로 불리었다. 벨라스케스는 이 작품에 제목을 붙이지 않았다. 스페인 황금시대의 바사리(Giorgio Vasari, 1511~1574)라 불리는 안토니오 팔로미노(Antonio Palomino, 1653~1726)가 1724년에 쓴 『미술관과 시각적 단계』(El Museo pictórico y escala óptica)의 제3권 스페인 화가 열전에서 그는 이 작품을 〈가족〉이라는 제목으로 적어 놓았다. 그러던 것이 1794년에 작성된 왕실 소유 작품 목록에서는 〈펠리페 4세의 가족〉으로 기록되었으며, 이후의 목록에서도 이 제목은 계속 그대로 유지되었다. 이후에 1819년 이 작품은 프라도 미술관으로 옮겨졌는데, 1834년에 제작된 프라도 미술관 카탈로그에서 처음으로 〈시녀들〉이라는 제목이 붙여지게 되었다.[74)] 왜?

'가족'이라고 하기엔 좀 애매모호하다. 누구의 가족인가? 어디까지 가족인가? 그래서 그 다음에 '펠리페 4세의 가족'이라고 제목을 보다 분명히 한 것 같다. 그래서 이 작품은 〈시녀들〉과 함께 지금도 〈펠리세 4세의 가족〉이라고 불리기도 한다. 그러나 그림 속에서 펠리페 4세의 가족은 마르가리타 공주뿐이다. 펠리페 4세와 왕비는 거울 속에 너무나도 작고 희미하게 들어 있어서 그들의 존재가 미미하다. 그래서 제목이 '시녀들'로 바뀐 것 같다. 등장인물로 보면 펠리페 4세의 가족보다는 시녀들이 훨씬 많고 이들에 대한 표현도 분명하다. 그러나 제목을 시녀들이라고 하기엔 여전히 뭔가 어색한 것이 온전하지 않은 것 같다. 만약 벨라스케스에게 이 작품의 제목을 붙이라고 하였으면 뭐라고 하였을까요? 혹시 화가인 벨라스케스가 생각하는 궁정 속 가족의 범위는 아니었을까?

왜소증 장애인을 그린 화가 벨라스케스

벨라스케스는 종종 비견되는 루벤스만큼이나 매우 탁월한 인물이다. 그는 17세기 스페인의 문화 전성기에 스페인의 최고 궁정화가였다. 그는 가난한 하급 귀족 가정에서 태어나 자랐으며 훗날 장인이 되는 세비야의 프란시스코 파체코(1564~1644)의 도제로 성장하였다. 이 당시 그는 서민들의 애환이 스며있는 정물의 보데곤과 반종교개혁의 신앙이 담긴 종교화를 주로 그렸다. 1624년 벨라스케스는 24세의 나이로 마드리드에서 궁정화가로 일하게 되었는데, 그는 16세의 나이로 갓 즉위한 펠리페 4세(Felipe IV, 1621~1665 재위)의 눈에 들어 일평생 왕궁에서 펠리페 4세의 초상화를 그렸다. 펠리페 4세의 정치와 개혁 등에 대한 역사적 평가는 엇갈리지만, 문화에서만큼은 그가 대단히 심미적인 인물로 예술과 문학 등에 관심을 갖고 장려하였음에 동의한다.

벨라스케스는 펠리페 4세의 인정 속에 궁정화가로 크게 성공을 하여 시종장, 왕실건축 감독관 보좌역을 거쳤고, 1658년에는 산티아고 기사단 작위까지 받았다. 그런데 그는 출신배경 때문인지 또는 세비야의 서민의 삶에 대한 연민 때문인지 어려운 사람들에 대한 관심을 일평생 간직하였고, 이러한 그의 관심과 연민은 작품 속에 녹아들어 있다. 〈시녀들〉에서 왜소증을 가진 사람들이 등장하는 것은 우연이 아니다.

당시 유럽의 왕궁에 왜소증을 가진 사람의 존재는 흔한 일상이었다. 이 사람들은 그의 신체적 특성 때문에 당시 왕실에서 왕과 왕족의 기분을 달래주는 장난감이나 노리개 또는 어린 왕자와 공주들 대신에 매를 맞아 주는 시동 역할을 하였다. 이들에게는 신체적 특이함 외에도 왕실에게 위로와 평안과 기쁨을 주기 위해서 재치와 입담, 개인적인 재주와 예능도 필요하였다. 그래서 때로 공직 직위를 맡기도 하였으나, 당시 대개 왕궁에서나 사회에서 제대로 된 사람대접을 받지 못하고 그리 주목받지 않았다.

그런데 벨라스케스는 이 사람들을 눈여겨 보았고, 그들을 작품의 모델로 사용하였다. 벨라스케스가 왜소증을 가진 사람을 그린 것은 〈시녀들〉이 전부도 아니고 처음도 아니다. 벨라스케스는 앞서 1630~1640년대에 왕궁 내에 왜소증을 가진 사람들을 대상으로 일련의 초상화들을 그렸다. 현재 약 9개의 작품이 남아 있는데, 여기서 몇 작품을 감상해 보도록 하자.

벨라스케스, 〈**칼라바시아스라 불린 왜소증 장애인 돈 후안 칼라바자스**〉, 1637~1639년, 캔버스에 유채, 106×83cm, 프라도박물관, 마드리드

먼저 비교적 이른 시기의 작품으로 〈칼라바시아스라 불린 왜소증 장애인 돈 후안 칼라바자스〉(The Dwarf Don Juan Calabazas called Calabacillas, 1637~1639)가 있다. 이 작품은 달리 〈광대 칼라바시아스〉(The Jester Calabacillas)라 불리기도 한다. 칼라바자스는 칼라바시아스라고 불렸는데, 지적 장애를 가지고 있었고 또 사시(斜視)로서 시력이 좋지 않았던 것 같다. 그림에서도 눈을 많이 찌푸리고 있다. 그러나 그의 얼굴에는 환한 미소가 있는데, 다분히 익살기가 엿보인다. 그의 양옆에 있는 기구는 아마도 그가 왕과 왕족을 즐겁게 하려고 즐겨 사용하던 도구였던 것 같다. 그는 왕궁 식구들을 웃게 만들 그만의 카드를 가지고 있었으리라.

다음 그림은 벨라스케스가 그린 〈엘 니노 데 발레카스라 불린 왜소증 프란시스코 레즈카노〉이다. 그림의 실제 모델은 왜소증을 가지고 있었던 프란시스코 레즈카노(Francisco Lezcano)이다. 그림의 제목이 말해주듯이 그는 엘 니노 데 발레카스(El Nino de Vallecas)라고 불렸는데, 발레카스는 지명이고 니노는 스페인어로 꼬마 또는 아동이라는 뜻이니 엘 니노 데 발레카스는 '발레카스의 꼬마'라는 별명인 셈이다.

엘 니노는 검은 녹색의 옷을 입고 천진난만해 보이는 표정으로 바위에 걸터앉아서 손에 카드를 들고 만지작거리고 있다. 당시 그의 나이가 15세였다고 하니 그의 천진무구한 얼굴 표정을 보고서 아마 지적 장애를 가지고 있었을 것으로 추정하고 있다. 당시 왕궁에서 왜소증을 가진 사람들의 역할이 왕족 특히 어린 왕자와 공주의 시동이었으므로 지적 장애는 위험이 되지 않는 한 별문제가 되지 않았고 오히려 여흥거리가 되었다. 그러나 엄밀히 말해 왜소증과 지적 장애는 생물학적으로, 의학적으로 관련이 없다.

벨라스케스, 〈**엘 니노 데 발레카스라 불린 왜소증 프란시스코 레즈카노**〉, 1643~1645년, 캔버스에 유채, 107×83cm, 프라도미술관, 마드리드

벨라스케스, 〈**왜소증 세바스티안 데 모라**〉, 1645년, 캔버스에 유채, 106.5×81.5cm, 프라도미술관, 마드리드

이 그림의 주인공은 왜소증을 가지고 있었던 세바스티안 데 모라(Sebastian de Morra)이다. 그에 관한 자세한 기록은 없다. 그 시절의 수많은 서민들, 특히 왜소증을 가진 사람들이 역사에 남아 있을 리 만무한데, 모라는 벨라스케스 덕분에 그의 존재와 삶을 인류 역사에 알려주고 있다. 모라는 카를로스 왕자의 수행원이었다.

이 작품에서도 벨라스케스의 인간적인 배려를 찾아볼 수 있다. 왜소증을 가진 사람에게 작은 키는 종종 상처, 핸디캡, 트라우마가 될 수 있다. 벨라스케스는 모라를 앉아 있는 자세로 그렸고, 또한 짤막한 손가락을 보이지 않도록 자연스럽게 주먹을 쥐어 앞에 내려놓은 것으로 묘사했다는 것이다. 모라의 눈은 매우 강인하고 매력적이다. 왜소증이라 하여 주눅들거나 의기소침해 있지 않다. 오히려 그의 자세는 그의 인생만큼이나 당당하고 담대하다.

이 초상화는 매우 인상적인데, 벨라스케스가 그린 돈 디에고 데 아세도(Don Diego de Acedo)이다. 그는 왜소증을 가지고 있었는데, 그림에는 앉아서 책을 보고 있다. 주위에도 책이 여러 권 놓여 있는데,

지금 무릎 위에 펼쳐 놓고 있는 책은 그 크기가 상당하며 상대적으로 그의 몸이 얼마나 작은지 드러내고 있다. 그래서 이 작품은 〈무릎 위에 책을 펼치고 앉은 왜소증 장애인 돈 디에고 데 아세도, 엘 프리모〉(Don Diego de Acedo, El Primo)로 불리기도 한다. 엘 프리모? 그는 자신을 벨라스케스의 친척이라고 자랑하고 다녔기에 엘 프리모(El Primo)라는 별명이 붙었다. 엘 프리모는 사촌(The cousin)이란 뜻이다.

벨라스케스, 〈**돈 디에고 데 아세도**〉, 1645년경, 캔버스에 유채, 106×83cm, 프라도미술관, 마드리드

이 작품은 궁정의 의뢰로 1644년경 프라가(Fraga)에서 제작되었을 것으로 추정된다. 이 그림에서 엘 프리모는 상당히 지적인 존재로 비쳐진다. 그가 쓰고 있는 모자도 입고 있는 옷도 온통 검은 것이 고위 행정직 내지 상당한 지식인처럼 보인다. 왜소증이라고 하여서 그의 인지와 지능에 무슨 문제가 있는 것은 아니다. 물론 일각에서는 이 작품을 통해 벨라스케스가 당시의 같잖은 지식인들을 풍자한 것이라고 해석하기도 하는데, 그 보다는 오히려 여러 왜소증을 가진 사람들의 초상화를 살펴볼 때 벨라스케스가 각자의 개성과 재능을 찾아 초상화에 녹여낸 것 같다.

벨라스케스가 그림 속에 왜소증을 가진 사람을 주요 모델로 선택한 것은 당시 궁정 내에서 찾을 수 있는 다양한 모델 중의 하나였다. 벨라스케스는 왜소증을 가진 사람들 외에도 광대, 이발사 등을 모델 삼아 작업을 하기도 하였다. 벨라스케스는 왕족의 생활에 함께 등장하는 몇 명의 왜소증을 가진 사람을 그린 것 외에 왜소증을 가진 사람의 작품은 대개 왜소증을 가진 사람을 단독 모델 곧 주인공으로 삼아 그림을 그렸다. 왕궁의 초상화가 왕 범위를 조금 넓혀 왕비와 왕자와 공주의 전매특허였다면, 벨라스케스는 그 범위를 궁궐의 모든 사람, 특히 왜소증을 가진 사람들에게까지 확대하였다고 할 수 있다. 그림 소재로서의 민주화이다.

벨라스케스, 〈**궁정의 왜소증 장애인 돈 안토니오 엘 잉글레스**〉, 1640~1642년경, 캔버스에 유채, 142×107cm, 프라도미술관, 마드리드

벨라스케스는 왜소증을 가진 사람을 단독으로 그린 경우에 그들의 신체적 장애를 고려하여 주로 앉아 있는 자세로 많이 그렸다. 앉아 있으면 작은 키가 잘 드러나지 않기 때문이다. 또한 앉아서 무엇인가를 하고 있는 행위의 주체로서 표현하였고, 그렇지 않다면 모라의 경우처럼 그의 존재만으로도 당당한 주체로서 표현하였다. 특히 개개인의 개성과 재능

을 찾아 초상화에 적절하게 담아내었다는 점에서 그의 작업을 높이 사고 싶다. 어떤 이는 웃기는 일로, 어떤 이는 지적인 업무로…. 같은 장애를 가졌다고 해서 모두 다 똑같은 것이 결코 아니다. 같은 장애인이어도 각자의 개성과 재능, 경험과 소망은 다 다르다. 벨라스케스는 왜소증을 가진 사람의 초상화에서 그 사실을 새삼새롭게 알려주고 있다.

물론 서 있는 왜소증 장애인도 있다. 〈궁정의 왜소증 장애인 돈 안토니오 엘 잉글레스〉(Court Dwarf Don Antonio el Inglés, c. 1640~1642)는 개와 함께 나란히 서 있는 돈 안토니오를 그리고 있다. 몸의 크기는 비슷할지 모르지만, 그러나 그는 확실히 개가 아니다. 개를 아끼고 사랑으로 돌보았겠지만, 결코 개와 같은 존재가 아니다. 화려한 의상에 당당히 서서 개 목줄을 움켜 쥔 것을 볼 때 그는 확실히 인간이다.

벨라스케스는 왜소증 장애인을 대개 정면 모습의 당당한 주체로 그렸다. 어떤 작품의 들러리가 아니라 그 자체로서 온전하고 당당한 주체로서 왜소증 장애인을 당당하게 그렸다. 화면에서 마치 그림 속 자신을 바라보는 관람자들을 향하여 자신의 존재와 삶을 알리듯 정면을 응시하여 그렸다. 그림 속 인물이 정면을 응시함은 화면 밖 관람자들에게 무엇인가 자신의 의사를 표현하는 일종의 말 걸음이다. 〈시녀들〉의 마리바르볼라 역시 강력한 시선으로 정면을 응시하고 있다. 그녀는 우리에게 무슨 말을 하고 있는 것은 아닐까?

왜소증 장애와 왜소증 장애인의 삶

그럼, 여기서 왜소증이 무엇인지 그리고 왜소증 장애인의 삶이 어떠한지 잠시 살펴보도록 하자. 왜소증이란 오랫동안 소위 '난쟁이'라고 불렸다. 그러나 이전의 대부분의 장애인 지칭 용어들이 장애인을 폄하하고 장애에 대해 편견을 갖도록 하였기에 요즘은 난쟁이라는 용어를 삼가고 있다. 대신에 왜소증(矮小症) 또는 저신장증(低身長症)이라고 부르는데, 왜소증이나 저신장증은 일상생활에서 사용되는 생활용어라기보다는 의학용어로서 말 그대로 신체가 평균에 비해 작은 것이다.

왜소증은 인간의 신체에 관한 여러 계측 가운데 주로 신장 곧 키를 기준으로 삼는다. 현재 우리나라의 경우 왜소증은 성장이 멈춘 18세 남자 기준 145cm 이하, 16세 성인 여자 140cm 이하일 경우에 장애가 심하지 않은 지체장애인으로서 장애인 등록이 가능하다.

왜소증의 원인은 여러 가지이다. 선천적으로 골형성부전증, 터너증후군, 프레더-윌리증후군, 후천적으로 갑상선 기능 이상, 성장호르몬 분비 이상, 척수장애, 성장판 손상 등의 외상이 주요 원인이 된다. 흔히 알려져 있는 전형적인 왜소증 곧 머리는 크고, 팔은 짧고, 다리는 휜 왜소증은 연골무형성증에 기인한다. 그런가 하면 원발성 왜소증은 신체의 모든 비율은 일반적인데 그 크기만 2/3~1/2로 작다. 왜소증의 원인이 수백 가지여서 경우에 따라 예외가 있을 수도 있겠지만, 대개의 경우 왜소증 장애인은 인지, 지능, 사회성 등에 다른 장애는 없다.

그러기에 왜소증장애는 안면장애와 더불어 대표적인 사회적 장애라 할 수 있다. 개인적으로 신체적 고통이나 불편 또 기능적 제약이 있을 수 있다. 그러나 일상생활이나 사회생활에 특별한 제약이 있거나 그로 인해 누군가의 도움을 필요로 하는 것은 아니다. 그냥 사회에서 비장애인을 대하듯 대해 주면 된다. 그런데 이전에 사회는 왜소증 장애인을 신기한 동물을 구경하듯 대하고 모든 것에 부족하고 열등한 사람으로 대하여 왔다. 옛날 서커스단의 광대에 왜소증 장애인은 단골등장 인물이었다. 이러한 편견과 차별은 지금도 남아 있다. 왜소증 장애인들의 이야기를 읽어보노라면 사회적 차별이 얼마나 큰 상처와 절망을 안겨주는지 금방 알 수 있다.[75)]

라헐 판 코에이(Rachel van Kooij)는 벨라스케스의 〈시녀들〉에 등장하는 개에게서 영감을 받아 『바르톨로메는 개가 아니다』(Kein Hundeleben für Bartolomé)라는 소설을 썼다.[76)] 소설 속 바르톨로메는 왜소증을 가진 열 살짜리 소년이다. 마부인 아버지가 마드리드 성으로 이주하여 공주의 마차를 몰게 되었다. 당시 사회가 그렇듯 바르톨로메는 사람들의 눈에 띄지 않게 숨어서 지내야 했다. 그러다 그만 숨어있던 바구니에서 굴러 떨어져 공주의 눈에 발각되어 졸지에 공주의 장난감이 되어 왕궁에 잡혀가게 되었다. 공주는 바르톨로메를 '인간개'라고 불렀고, 그는 개 분장을 하고 개처럼 짖고 기고 빵을 받아먹어야 하는 신세가 되었다. 그러나 벨라스케스의 도제들이 바르톨로메의 그림 재능을 알아보고 벨라스케스의 허락을 받아 그를 구출하여 집으로 무사히 돌려보냈다. 벨라스케스는 처음에 그렸던 사람도 개도 아니었던 존재를 늠름하고 충직한 개로 고쳐 그렸다고 하여 〈시녀들〉의 한 부분을 떠올리게 한다. 저자인 코에이는 교육가이며 사회복지사로서 왜소증 장애인은 개가 아니며 사람이라고 강조한다.

고든(Eva Sage Gordon)은 벨라스케스의 〈시녀들〉에 묘사된 궁정 왜소증 장애인의 삶과 20세기 비평의 소비과정에서 왜곡되는 유명인의 삶의 매커니즘을 매치시켰다. 사회에는 이 사람들을 인간 이하의 조롱거리와 노리갯감으로 만드는 정치적, 경제적, 문화적 매커니즘이 작용하고 있다. 이때에 당사자, 특히 장애인 당사자의 자기정체성의 확립은 매우 중요한 일이다.[77)]

그렇다. 왜소증 장애인은 고유하고 존엄하며 동등한 사람이다. 모든 사람은 다 다르다. 저마다 고유한 얼굴과 신체, 성격과 습관을 가지고 있다. 좋은 관계는 서로의 다름을 인정하고 존중하고,

함께 어울려 서로 의지하고 서로 도와주며 살아가는 관계이다. 좋은 사회는 차이를 차별로 만들지 않고, 각자의 고유성을 이웃과 사회를 위하여 기여하도록 존중하고 격려하는 사회이다.

5

무리요의
<베데스다 못의 그리스도>

무리요, 〈**베데스다 못의 그리스도**〉,
1667~1670년, 캔버스에 유채, 237×261cm, 런던국립미술관, 런던

5

무리요의
<베데스다 못의 그리스도>

그림 들여다보기

이 그림은 무슨 그림일까? 얼핏 보아선 내용을 헤아리기 어렵다. 이곳이 어디이고, 등장인물은 또 누구인지 잘 모르겠다. 다만, 그림 중앙에 한 멋있는 사내가 서 있는데, 온화한 얼굴에 머리에 얇은 후광을 두른 것이 어딘가 모르게 거룩한 신성이 엿보인다. 그는 연보라색 긴 옷에 짙은 감청색 겉옷을 걸치고 있으며 손을 내밀어 특이한 몸짓을 하고 있는데, 무엇인가 의미심장한 내용을 담고 있는 것 같다. 그림의 구도와 색상과 동작을 볼 때 이 사람이 그림의 주인공인 것 같다. 그의 왼쪽으로 세 명의 남자가 나란히 서있는데, 아마 사내의 일행인 듯싶다. 이들은 모두 다 아래에 누워 있는 사람을 내려다보고 있다.

그림 왼쪽 하단에 또 한 명의 남자가 있다. 그는 지푸라기를 깐 자리 위에 누워 있는데, 웃옷을 거의 벗고 있다. 누워 있는 사람 옆으로 그의 것으로 보이는 접시와 포터와 지팡이가 놓여있다. 접시는 비어있고, 포터의 윗부분이 깨어져 있어서 매우 초라하고 옹색해 보인다. 그리고 옆에 지팡이가 놓여 있는 것으로 보아 이 사람은 아마도 보행에 어려움을 가지고 있는 것 같다. 오랜 병자 같기도 하고, 중증의 지체장애인 같기도 하다. 그의 특이한 몸짓은 중앙에 있는 사내의 몸짓에 상응하고 있다. 서로 무엇인가 소통하고 있는 것 같다. 그런데, 이 둘의 몸짓은 무슨 내용일까?

그림의 오른쪽 뒤로 건물의 기둥들도 보이고 회랑(corridor, 回廊) 같은 것도 보인다. 둘러싼 건물들 안쪽으로 가운데에 대기가 희뿌연 것이 마치 목욕탕이나 풀장 같은 공간이 있다. 이곳은 무엇을 하는 공간일까? 주위로 누워 있는 사람들도 있고 서 있는 사람들도 있다. 이 사람들은 지금 도대체 뭘 하고 있는 것일까? 정작 물속에는 아무도 없어 보인다. 그림의 왼쪽 상단부에는 회색빛 구름 가운데 밝은 빛이 드리워져 있고, 그 위로 흰 색의 누군가 날고 있다. 생긴 모양을 볼 때 아마도 천사를 그린 것 같은데, 이 천사는 누구이며 무엇을 하고 있는 것일까? 이 그림은 도대체 누가 무엇을 그린 것일까?

예수의 베데스다 치유 사건

그림의 내용이 무엇일까? 혹시 기독교인이라면 어느 정도 감을 잡았을지도 모르겠다. 아니, 어쩌면 금방 알아차렸을 수도 있다. 이 그림은 신약성서 요한복음 5장에 기록된 소위 '예수의 베데스다 치유 사건'을 그린 것이다. 베데스다는 예루살렘 성의 양문(羊門, Sheep Gate)[78] 곁에 있는 못의 이름이다. 그러니까 그림의 배경 가운데 있는 풀장 같은 것은 바로 베데스다 못을 시각적으로 표현한 것이다.

당시 베데스다에는 신기한 소문이 있었다. 베데스다는 그 소문 때문에 이미 널리 알려진 유명한 명소가 되었다. 그 소문은 천사가 가끔 그 못에 내려와서 물을 움직이고 가는데, 그러고 나면 그 다음에 못에 들어가는 사람은 어떤 병에 걸렸든지 깨끗이 낫게 된다는 것이었다. 그림 속 천사는 가끔 못에 내려와서 물을 움직이고 가는 천사를 그린 것이다. 전통적으로 이 천사는 치유의 천사로 알려진 대천사(Archangel) 라파엘(Raphael)이다. 이 소문이 퍼지면서 전국에서 수많은 병자들과 장애인들이 간절한 희망을 품고 베데스다 못가로 몰려들었다.

한 번은 예수가 예루살렘에 올라왔는데, 그 때에 베데스다 못가에는 이미 수많은 병자, 맹인, 다리 저는 사람, 혈기 마른 사람들이 물의 움직임을 기다리며 누워있었다. 그림을 보면, 곳곳에 여러 사람들이 누워 있는데, 아마도 이 사람들은 각양각색의 병자와 장애인들일 것이다. 간혹 서 있는 사람들이 있는데, 이들은 아마도 병자와 장애인을 돌보는 보호자나 간병인일 것이다.

예수는 거기서 38년 된 병자를 만났다. 그의 나이가 정확히 몇 살인지는 알 수 없지만, 38년이라고 하면 인생의 거의 대부분을 그 질병으로 소비해 버린 셈이다. 그의 병이 어떤 질병인지 단정하기 어렵지만, 38년이란 긴 세월동안 일상생활을 못하고 이 질병에 시달렸다고 하면 이것을 장애라고 불러도 무방할 것 같다. 질병(Disease)과 장애(Disability) 사이의 경계가 애매한 부분들이 있다. 질병이 장애의 원인이 되기도 하지만, 그렇지 않은 경우도 있다. 의학의 관점에서 보면, 질병은 당시 의술로 그나마 치료가능한 데 비해 장애란 치료 불가능하여 평생을 가지고 살아야 한다. 생활의 관점에서 보면, 장애는 질병에 비해 일상생활에서 매우 심각한 소외와 차별을 장기간, 아니 평생에 걸쳐 받게 된다. 그래서 오늘날 희귀병이나 난치병은 장애와 같이 취급해야 할 부분이 상당히 많다.

예수는 그의 병이 오래된 것을 알고서 그에게 낫고자 하느냐고 물었다. 그러자 그는 예수에게 자기를 못에 넣어주는 사람이 없어 내가 가는 동안 다른 사람이 먼저 내려간다고 대답하였다. 이 대답을 미루어 짐작해 본다면, 그가 보행이나 이동에 심한 장애를 가지고 있었음을 알 수 있다. 그는 병 때문에 잘 걸을 수 없어 다른 사람의 도움을 필요로 하는 사람이다. 그래서 이 사람은 전통적으로 하지 지체장애인이나 중풍병자로 소개되곤 하였다.[79)]

경건한 화가 무리요

이 그림은 바르톨로메 에스테반 무리요(Bartolomé Esteban Murillo, 1617~1682)가 그린 〈베데스다 못의 그리스도〉(Christ at the Pool of Bethesda, 1667-1670)라는 작품이다. 무리요는 어떤 사람일까? 무리요는 17세기 스페인 바로크 미술의 황금시기를 대표하는 화가들 중의 한 명이다. 스페인의 미술사에는 거장들이 여럿 있는데, 어떤 미술사가들은 벨라스케스(Diego Velázquez, 1599~1660) 다음으로 무리요를 꼽기도 한다. 17세기 스페인은 엄청난 부를 축적하며 세계 문화의 중심지로 부상하였다. 당시 스페인은 로마 가톨릭교회가 지배하고 있었는데, 종교개혁 진영에 맞서 반종교개혁의 이념을 예술로 표현하던 바로크 미술의 중심지였다.

무리요는 일찍 부모를 잃고 가난하고 힘겹게 자랐다. 붓이며 물감과 화구를 살 돈조차 없었다. 삼촌의 후원으로 돈 잔 델 카스티요(Don Juan del Castillo, 1595~1628)의 문하생으로 들어갔으나 스승이 죽은 후엔 왕실화가 벨라스케스에게서도 잠시 그림을 배웠다. 그는 평생 고향 세비야에서 그림을 그렸는데, 주로 성당과 수도원을 위하여 종교화를 많이 그렸다. 그런 의미에서 보면 수도원화가 수르바란(Francisco de Zurbarán, 1598~1664)의 뒤를 이었다고도 할 수 있다. 그의 작품은 대략 1652~1656년을 기점으로 변화를 겪게 된다. 그 이전의 작품들은 아직 거칠고 투박하고 차가운 편이었는데, 이후에는 부드럽고 세련되고 온화해진다. 특히 지상의 것에서 천상의 것으로 관심을 완전히 돌려 견고한 신앙의 미술세계에 몰두하였다.[80] 그는 1660년에는 세비아 아카데미의 회장이 되어 세비아 화단을 이끌었다.

무리요의 화풍은 처음에 다소 차분하고 냉정한 분위기였는데, 차츰 온화하고 부드러운 화풍으로 옮겨갔으며 종교화에서 그 절정을 이루었다. 특히 성모 마리아를 그린 그림은 묘한 명암과 우아한 형태, 따듯한 색조 속에 자애와 경건함이 가득한 작품을 그려 그는 '스페인의 라파엘로'라 불리기도 하였다. 무리요는 성모 마리아에 관한 그림을 많이 그렸는데,[81] 1678년 작 〈무염시태〉(無染始胎, Immaculate Conception)가 이 주제로 그린 그림 중에서는 최고의 절정으로 평가된다. 또한 성 가족(Holy Family)도 여러 번 그렸는데, 예수를 중세에 그리던 초탈한 성인의 모습에서 벗어나 보다 현실적으로 당시 스페인 어린이의 천진난만한 모습으로 사랑스럽게 그렸다. 아버지 성 요셉의 모습도 보다 자연스럽게 묘사되었는데, 무리요는 그 존재 의미를 훨씬 강화시켰다.[82]

무리요, 〈**무염시태**〉,
1678년경, 캔버스에 유채, 274×190cm,
프라도박물관, 마드리드

무리요, 〈**새와 함께하는 성가족**〉,
1650년, 캔버스에 유채, 144×188cm, 프라도박물관, 마드리드

무리요, 〈**아기 성 요한과 함께하는 성가족**〉,
1655-1660년, 캔버스에 유채, 274×190cm,
첩무베체티박물관, 부다페스트

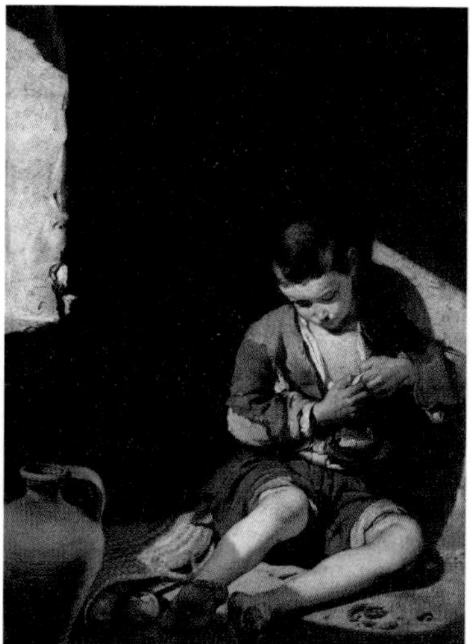

무리요, 〈**거지 소년**〉,
1645년경, 캔버스에 유채, 134×100cm,
루브르박물관, 파리

무리요, 〈**노파와 소년**〉,
1650년대, 캔버스에 유채, 146×106cm, 발라프-리하르츠미술관, 쾰른

그는 또한 종교화와 함께 어렵고 소외된 사람들을 모델로 삼았던 것으로 유명하다. 그는 자신의 실제적인 경험과 세심한 관찰 속

에서 이들의 삶을 자연스럽게 묘사하였다. 그는 가난한 사람을 불쌍하고 비참한 모습보다는 그 안에서 웃음과 여유를 가진 모습으로 그렸다. 이들은 가난하고 비천한 처지에 있지만, 이들은 그림을 지배하는 주체적인 인격들이다. 그의 이런 인간적인 그림은 고스란히 종교화로 이어졌는데, 이 그림 또한 그러한 작업의 결과물 중의 하나이다.

다시 〈베데스다 못의 그리스도〉로 돌아와서, 그림 속 예수는 온화하고 인자한 자태를 드러내고 있다. 예수는 하나님의 아들이시며 그리스도이시다. 무리요는 그에 합당하게 존엄한 자태 속에 병자와 장애인을 향한 긍휼과 사랑이 묻어난다. 예수는 보다 품격이 있게 묘사되었다. 그의 옷은 고귀한 보라색 의상에 중후한 짙푸른 겉옷을 걸치고 있다. 대개 성화에서 예수의 의상은 붉은 옷에 푸른 외투를 걸치는데, 무리요의 색상은 이전의 어떤 화가의 그림보다 훨씬 품위가 있어 보인다. 실제로 이 작품은 당시 세비아 병원 교회에 증정되었다. 질병 가운데 고생하는 환우들을 배려하여 치유의 주인인 예수 그리스도를 온화하고 자애롭게 묘사하였다.[83)]

비교 도상해석학

서양미술의 상당부분이 기독교미술이고, 기독교미술은 주로 성서의 내용을 그림으로 표현하였다. 성서의 내용이 광대하지만 그림으로 그려진 것은 주로 사건들로서 예수 그리스도의 생애와 관련된 것이 많다. 그 중에 예수의 치유 기적도 상당수를 차지한다. 그런데 흥미로운 것은 같은 주제로 그림을 그렸더라도 화가마다, 또 같은 화가의 작품이라고 하더라도 시대마다 다르다고 하는 사실이다. 무리요의 그림은 분명 이전의 화가들이 그린 작품과 다르고, 또 이후의 화가들이 그린 작품과도 다르다. 거창하게 신학이라고 말하지 않더라도 무리요의 고유한 생각이 그림 안에 들어있다.

전통적으로 같은 주제를 그린 그림들에선 공통적인 요소들이 발견된다. 기독교미술에는 오랜 세월 속에 형성된 어떤 일정한 양식이나 요소가 있다. 도상학(圖像學, Iconography)은 기독교미술에서 그런 모티브와 표현 양식을 가지고 비교하고 분류하였다. 파노프스키(Erwin Panofsky, 1892~1968)는 도상들을 해석하는 도상해석학(圖像解釋學, Iconology)을 전개하였는데, 전형적으로 등장하는 도상들에 대한 사용과 해석, 그리고 변화와 의미를 다루었다. 같은 소재나 주제로 그린 비슷한 시기의 작품들을 비교한다면 화가의 화풍과 의도와 강조점을 보다 분명히 알 수 있을 것이다.

베데스다 못가의 치유를 주제로 한 그림들을 도상해석학의 관점에서 살펴보면, 이 그림에는 공통적으로 등장하는 인물이나 모티브들이 있다. 먼저는 등장인물인 예수와 38년 된 병자일 것이다. 그리스도 예수와 질고로 얼룩진 병자를 어떻게 표현할 것인가는 예수의 치유 사건을 그린 그림들에게선 초미의 관심사이다. 그리고 또 하나, 이 사건의 배경이 되는 베데스다 못일 것이다. 베데스다 못이 예루살렘 양문 곁에 행각 다섯과 함께 있었으므로 미적 감각을 중시하는 화가들은 배경의 건축물들을 표현하는 데 큰 매력을 느꼈다. 이 두 가지는 생략할 수 없다. 그 외에 제자들이나 병자나 장애인들이 추가되기도 하고, 또 주위의 천사 또는 사람이나 소품들이 추가되기도 한다.

그럼, 여기서 무리뇨와 비슷한 시기인 17세기 중반에 그려진 다른 화가들의 작품을 잠시 살펴보도록 하자. 베데스다 못은 극적인 이야기와 웅장한 건축 배경으로 바로크 화가들에게 매우 인기 있는 주제였다. 무엇보다 예수와 38년 된 병자 그리고 베데스다 못에

볼포르트, 〈베데스다 못〉,
1620~1630년경, 캔버스에 유채, 180×240cm, 미술사박물관, 빈

주목하여 그림들을 비교해 보자.[84)]

먼저 이 그림은 아르투스 볼포르트(Artus Wolffort, 1581~1641)가 그린 〈베데스다 못〉(The Pool of Bethesda, c. 1620~1630)이다. 볼포르트는 루벤스의 작품에 영향을 받아 극적이고 역동적으로 인물들을 묘사하였다. 그림 중앙에 베데스다 못이 보이고, 못 주위에는 각색병자, 하늘에는 천사가 있다. 붉은 외투를 걸친 예수는 치유의 강복을 선언하고, 바로 앞 병자는 치유를 받아 자기의 자리를 들고 걸어가고 있다. 보아하니 병자는 이미 벌써 다 나은 것 같다.

다음 그림은 피터 반 린트(Peter van Lint, 1609~1690)가 그린 〈베데스다 못에서 지체장애인을 치유하는 그리스도〉(Christ Healing the Lame at the Pool of Bethesda, 1640s)라는 작품이다. 그림 중앙에 예수가

린트, 〈**베데스다 못에서 지체장애인을 치유하는 그리스도**〉, 1640년대, 캔버스에 유채, 50×81cm, 미술사박물관, 빈

38년 된 병자에게 일어나 가라고 손가락으로 가리키고 있고, 병자는 자리를 들고 일어나고 있다. 아마도 치유의 순간을 묘사한 것 같다. 왼쪽 사람들은 주로 병자들을, 오른쪽에 예수 뒤 사람들은 예수의 치유를 못 마땅히 여기던 유대인들을 표현한 것 같다. 한 사람은 손으로 턱을 괸 채 사태를 고심하고 있고, 또 한 사람은 안경을 고쳐 쓰며 사건을 주시하고 있다. 의심과 호기심의 눈초리이다. 이전의 그림들에 비해 못 주위의 병자와 장애인들 그리고 예수와 함께한 무리들에게 보다 많은 관심을 가지고 그렸다.

세 번째 그림은 조반니 란프랑코(Giovanni Lanfranco, 1582~1647)가 산티 아포스톨리(Santi Apostoli) 성당의 입구 벽에 그린 〈베데스다 못의 지체장애인 치유〉(The Healing of the Cripple at the Pool of Bethesda, c.

란프랑코, 〈**베데스다 못의 지체장애인 치유**〉, 1644년경, 프레스코, 산티아포스톨리, 나폴리

1644)라는 프레스코화이다. 그림 중앙에는 베데스다 못의 전형적인 장면이 등장한다. 하늘로부터 천사가 내려오고 수많은 사람들이 못가에서 서로 먼저 들어가고자 하는 경주 태세를 하고 있다. 그림의 오른쪽 하단에 예수가 병자에게 손을 들어 강복하고 있고, 38년 된 병자는 무기력하게 자리에 누워서 물끄러미 예수를 쳐다보고 있다.

마지막 그림은 드루흐슬루트(Joost Cornelisz Droochsloot, 1586~1666)가 그린 〈베데스다 못〉(The pool of Bethesda, 1645)이다. 드루흐슬루트는 마을 풍경화, 풍속화, 도덕적 우화, 성서 이야기를 그린 다재다능한 화가였다. 그는 베데스다 못가를 이전 작품들처럼 인위적인 건

드루흐슬루트, **〈베데스다 못〉**,
1645년, 캔버스에 유채, 70×97cm, 개인 소장

축물로 그리지 않고 자연스런 마을 풍경으로 그렸다. 특히 못 이편의 많은 병자들을 적나라하게 묘사하였는데, 손상당하여 불편한 몸과 지팡이와 같은 보조기구들에 대한 묘사만이 아니라 우루루르 몰려다니는 사람들의 절박한 마음을 잘 묘사하였다.

다시 무리요의 처음 그림으로 돌아와서, 비슷한 시기에 같은 주제를 그린 다른 그림들과 다른 특이한 점이 무엇일까? 구도, 인물 표현, 채색 등의 차이도 있지만, 가장 큰 특이점은 누워 있는 병자의 태도가 아닐까 싶다. 예수는 온화하고 자애롭고 고상하고 품격이 있다. 다른 화가들의 작품에서도 예수의 모습은 거룩하고 순결하다. 함께 등장하는 제자들도 못가에 누워있는 병자와 장애인들도 대개 비슷비슷하다. 그런데 38년 된 병자의 모습은 좀 특이하다. 대개 병 고침을 받은 후의 모습을 그렸는데, 무리요는 치유받기 전의 모습을 그렸다.

무리요의 그림에서 누워있는 병자는 양손의 옆으로 벌린 채 위로 예수님을 쳐다보며 무엇인가를 어필하고 있다. 무슨 뜻일까? 더 이상 아무 것도 없는 빈털터리임을 증명하려는 것일까? 자신의 연약함과 무능력을 보이려는 것일까? 아

니면 자신의 억울한 사연을 호소하는 것일까? 아니면 이제 나더러 더 어떻게 하라는 것이냐며 항변하는 것일까?

요한복음 5장의 기사에 따르면, 예수가 38년 된 병자에게 낫기를 원하는지 물었을 때, 병자는 "네, 아니요"가 아니라 자신의 처량한 신세를 한탄하였다. "주여 물이 움직일 때에 나를 못에 넣어 주는 사람이 없어 내가 가는 동안에 다른 사람이 먼저 내려가나이다."(요 5:7) 매우 안타까운 하소연이다. 만약 그의 몸이 조금 더 건강하여 빨리 못에 뛰어들 수 있었다면, 아니면 주위에 있는 누군가 그를 도와서 빨리 못에 넣어주었다면, 어떻게 되었을까? 이 하소연은 그의 한 맺힌 절규다.

경쟁사회의 축소판 베데스다

무리요의 그림에서 병자는 매우 특이한 자세를 하고 있다. 이것은 한편으로 자신의 무력함을 드러내며 긍휼을 베풀어 달라고 요구하는 것 같아 보이기도 하고, 다른 한편으로 자신의 억울함을 호소하며 원한을 풀어달라고 요구하는 것 같아 보이기도 한다. 그림은 적어도 이 병자를 뭔가 할 말이 있고, 또 말할 수 있는 주체로 부각시키고 있다.

아마 38년 된 이 병자가 베데스다 못가에 머무른 지도 제법 오래 되었던 것 같다. 그동안 여러 번 천사가 물을 움직이고 갔었는데, 그때마다 번번이 자신이 못에 들어가려고 하면 아마 다른 사람이 먼저 못에 들어가서 고침을 받았던 것 같다. 특히 그런 사람들은 대개 주위에 도와주는 사람이 있어서 그가 먼저 못에 들어가도록 넣어주었을 것이다. 혼자 자기 힘으로 들어가기에는 기력이 없고, 누군가의 도움을 받기엔 아무도 도와주는 사람이 없었던 것이다. 얼마나 억울하였던지 예수가 낫기를 원하는지 물었을 때 "네"라고 간단하게 답하지 못하고 주저리주저리 자신의 억울한 사정을 하소연하였다.

여기서 우리는 매우 아이러니한, 그러나 지극히 현실적인 광경을 보게 된다. 그것은 사건이 일어나고 있는 곳이 바로 베데스다 못이라는 사실이다. 베데스다란 히브리말로 벧(בַּיִת, 바이트)과 헤세드(חֶסֶד)의 합성어이다. 히브리어 벧은 집, 헤세드는 자비, 인애를 뜻하므로 베데스다란 곧 자비의 집, 은혜의 집, 사랑의 집이란 뜻이다. 온갖 질병과 장애로 얼룩진 인생들이 자비의 집인 베데스다 못가에 누워있다. 그들은 서로의 아픔도 상처도 절망도 잘 알고 있다. 동병상련(同病相憐)으로 서로 이해하고 위로하고 양보할 수 있으련만, 현실에선 자기 먼저 낫겠다고 서로 치열한 경쟁을 벌이고 있다. 이곳은 은혜와 사랑이 넘치는 자비의 집이라기보다 양육강식의 생존경쟁이 지배하는 정글 같다. 사랑의 법칙이 아니라 정글의 법칙이 지배하고 있다. 그러고 보면 베데스다는 우리가 살아가는 사회의 축소판이다.

이것은 장애인의 세계에서도 마찬가지다. 인정사정없이 무참하게 싸우는 것은 일반사회만이 아니다. 장애의 세계에서도 장애 범주에 따라, 소속 단체에 따라 한 치의 양보 없이 서로 더 많은 것, 더 좋은 것을 차지하고자 격렬하고 처절하게 싸운다. 같은 장애의 상처와 차별을 가지고 있는 장애인 모임에서조차도 자기의 이익을 위해 조금도 양보하지 않고 자기주장만을 앞세우는 현실을 경험하게 된다. 장애인 개인은 물론 장애인 집단이기주의도 동일하다. 수요는 많고 공급은 적은데, 그럼, 어떻게 할 것인가?

베데스다의 문제가 곧 인생의 문제

베데스다의 문제가 바로 오늘 우리 인생의 문제이며 우리 사회의 문제이다. 정의 곧 공정한 분배의 문제는 인류가 존재하는 한 계속될 것이다. 기적도 제공 물량이 한정되어 있다면 동일한 문제를 발생시킨다. 기적의 확률이 얼마나 될까? 사안에 따라 다를 것이다. 어떤 것은 10%, 어떤 것은 0.001%여야 기적이라고 할 것이다. 기적의 발생 요인이 무엇인지 모르는 경우가 다반사인데, 베데스다의 기적은 이례적으로 이유가 분명하다. 곧 천사가 못의 물을 움직이고 나서 제일 먼저 들어가는 사람에게 치유의 기적이 일어나는 것이다. 그런데 그것으로 끝이다. 낫는 사람은 가장 먼저 못에 뛰어 들어간 오직 단 한 사람! 기적이 매우 제한적이고 한정적이다.

기적(奇跡)은 상식으로 일어나기 어려운 생각할 수 없는 기이한 일이 발생하는 것을 말한다. 종교적으로는 신(神)에 의하여 행해졌다고 믿어지는 불가사의한 일이나 현상을 말한다. 통계적으로 기적이 극히 드문 일이지만, 그 기적이 더 이상 일어날 수 없다는 제한이 있다는 것은 더욱 드문 일이다. 기적의 희소성이라고 해야 할까? 더 이상의 기적이 없기에 그 기적이 공개되었을 때 더욱 경쟁적으로 쟁취해야 할 대상이 된다. 종종 교회에서도 비슷한 모습을 발견하게 된다. 교인이라면 당연히 은혜를 사모하고 믿음에 힘써야 할 것이다. 그러나 나만, 내 믿음을 위해, 더 큰 은혜를 받고자 다른 연약한 지체들을 생각하지 않는다면 그것은 또 다른 이기주의이다. '신앙이기주의', '은혜이기주의'라고나 할까?

여기서 장애의 문제를 종교적 치유기적만이 아니라 사회경제적인 희소성의 문제로 생각해 볼 필요가 있다. 몇 해 전, 국내에서도 보편복지와 선별복지 간의 첨예한 복지논쟁이 있었다.[85] 장애인 복지가 베데스다 못의 경우처럼 제한적이어서 장애인 당사자 간 경쟁을 벌여야할 상황이라면 어떻게 해야 할까? 베데스다 못가에는 개인적인 물리적 경쟁 외에 아직 다른 어떤 제도나 법규가 없었다. 오늘날 우리 사회에서 이 문제를 다룬다면 복지부는 어떻게 할 것인가? 베데스다에 도착한 선착순 번호표를 발부할 수도 있을 것이다. 질병이나 장애를 분류하여 순번제로 배당할 수도 있을 것이다. 아니면, 각자의 사연을 듣고 시민들이 투표로 정할 수도 있을 것이다. 사회가 합의하여 정한 규칙은 그만한 힘을 발휘할 수 있다. 그러나 그렇다고 해서 모든 장애인들에게 혜택이 돌아갈 수 있는 것이 아니다.

장애 해결의 실마리로서 신앙

갈수록 사회는 발전할 것이고, 복지도 발전할 것이다. 우리나라 복지예산도 30년 전에 비하면 기하급수적으로 확장되었다. 2023년 보건복지부 예산이 100조를 훌쩍 넘어섰다. 그러나 인생은 여전히 결핍과 갈등 속에 살아간다. 복지혜택이라고 해서 모든 사람에게 모든 것이 똑같이 주어질 수 없다. 그것이 현실이다. 또 설령 모든 사람에게 모든 것이 똑같이 주어진다고 해도 각자 느끼는 만족도와 행복감은 또 다르다. 이 문제를 어떻게 할 것인가?

복음서의 치유기사는 예수가 하나님의 아들 구세주임을 드러내려는 의도로 기록되었다. 그렇다 보니 성서의 기록은 장애 관련한 담론에서 여러 한계를 가지고 있다. 먼저, 장애인의 객체성 곧 장애인이 치유의 주체가 아니라 대상이라는 사실이다. 성서가 강조하는 것은 전능하신 메시아 예수 그리스도이시다. 그가 어떤 말씀과 어떤 행동으로 병자와 장애인을 고쳐주신 것이 중요하다. 상대적으로 병자와 장애인은 치유의 대상이 되고 치유사건에서 수동적으로 된다. 다음으로, 예수가 병자와 장애인을 고쳐줌으로써 이제 그는 더 이상 병자나 장애인이 아니라는 사실이다. 이전의 장애인은 지나갔고 지금은 건강한 비장애인이 되었기에 장애와 관련하여서는 더 이상 제약과 소망에 대한 논의를 이어가기가 쉽지 않다.

요한복음 5장의 베데스다 치유 기사 역시 예수 그리스도를 강조하고 있다. 신비한 베데스다 못의 기적보다 더 강력한 예수 그리스도의 치유를 소개하고 있다. 그림은 그것을 잘 묘사해 주고 있다. 성서는 어떤 질병이나 장애를 가졌든 또는 어떤 소외와 차별을 받았든 예수 그리스도를 믿고 의지할 것을 촉구한다. 예수 그리스도를 믿을 때에 38년 된 병자처럼 치유를 얻을 수도 있을 것이다. 그러나 그렇지 않더라도 예수 그리스도를 믿을 때에 그는 새로운 존재로 거듭나게 된다. 바울은 평생 육체에 가시가 있었으나 그것을 오히려 은혜로 알고 살았고 그의 사역의 도구로 삼았다.[86] 신앙의 위대함이 바로 그것이다.

나라마다 복지사회를 지향하고 있으므로 앞으로의 복지는 더욱 발전할 것이다. 아마도 보다 국가주도형으로, 개인맞춤형으로, 그리고 다양한 방면에 걸쳐 전인적인 총체적 복지로 전개될 것이다. 그러나 복지가 장애인의 인생을 전향적으로 변화시킬 수는 없다. 특히 인생의 의미와 행복 그리고 이웃과 사회에의 기여는 다른 차원의 문제이다. 진정한 복지는 받는 인생에서 주는 인생으로의 전환이다. 서로 받기도 하며 주기도 하며 함께 아름다운 인생과 세계를 만들어가는 삶이다.

장애의학이나 장애복지가 발전하여도 장애인 당사자에게 장애는 여전히 불편과 제약으로 남아있다. 장애의 사회적 영역이 훨씬 넓고 강력하게 영향을 미치지만, 개인적인 장애의 한계는 여전히 남아 있다. 그러나 그때에도 신앙은 그로 하여금 그리스도 안에서 거듭난 정체성을 가지고 아름답고 가치 있는 인생을 살게 한다. 신앙은 개인의 장애를 무시하거나 부정하거나 경시하지 않고 오히려 그것을 은혜의 통로요 사역의 도구로 인정하게 한다. 그런 점에서 장애인에겐 신앙이 꼭 필요하다. 신앙이야말로 장애의 한계를 넘어 하나님나라를 향하여 서로 주고받는 사귐의 삶을 가능하게 한다.

다시금 그림 속 장애인의 모습이 말을 걸어온다. "저에게 더 이상 뭘 어떻게 하라고요?" 그러나 동시에 "제발, 저를 좀 도와주세요." 오늘 우리 사회에서도 많은 장애인들이 이렇게 하소연한다. 오랜 세월의 고생 가운데 몸도 마음도 피폐해져 있다. 누구나 그렇게 될 수 있다. 이럴 때 우리는 이 문제를 그 사람 개인의 탓으로 돌려선 안 된다. 장애유무를 떠나 모든 것을 다 잃고 이제 마지막 희망마저 잃어가는 사람에게 오히려 사랑의 위로와 믿음의 역사와 복음의 소망을 전해주어야 한다. 불충분한 공급으로는 모두를 만족시킬 수 없지만, 믿음은 불만을 넘어 다른 사람에게 베풀 넉넉한 은혜를 제공해준다(마 8:16, 요 6:11).

6

고야의
<정신병원의 뜰>

고야, 〈정신병원의 뜰〉,
1794년, 양철에 유채, 43.8×31.7cm, 메도스 미술관, 달라스

6

고야의
<정신병원의 뜰>

그림 들여다보기

이 그림은 무슨 그림인가? 도대체 뭘 그린 것일까? 어두컴컴한 공간에 여러 사람들이 있는데, 도대체 무엇을 하고 있는지 정확히 분간하기 어렵다. 더욱이 그들의 행동 전체를 꿰뚫을 만한 어떤 일관적인 주제가 그림 속에 있는지조차 의심스럽다. 심지어 이곳이 실내인지 실외인지도 아리송하다. 위로 천장이 뚫려 환한 것을 보면 실외인 것 같은데, 서 있는 건물 벽의 모서리 각도를 보면 또 벽 안쪽으로 보이기도 한다. 건물들 사이의 중정(中庭)일 수도 있다. 그림의 제목이 없다면 정말 뭐가 뭔지 모를 것 같다.

사람들은 무엇을 하고 있는 것일까? 가운데에는 벌거벗은 두 사람이 마치 씨름을 하고 있는 것 같다. 보다 정확히 말하면, 서로의 가슴을 둘러 잡은 것이 마치 그레코로만 레슬링을 하고 있는 것 같다. 그 뒤로 문 앞에 선 세 사람은 제각각 손을 들고 포즈를 취하고 있다. 가운데 벌어진 씨름에 환호하는 것 같기도 하고, 그와 무관하게 어떤 다른 것으로 인해 감흥에 취한 것 같기도 하다. 아니면, 세 사람 모두 다 제각각 다른 동기로 하는 행동일 수도 있다. 씨름하는 두 사람 뒤로는 또 웃옷을 벗은 인물과 여러 사람들의 일부가 보이고 있다. 왼쪽에 전면에는 한 남자가 챙 큰 모자를 쓰고 팔짱을 낀 채 도전적으로 앞을 응시하고 있다. 오른쪽 전면에는 한 여인이 바닥에 앉아서 가지런히 웅크린 무릎을 양팔로 잡은 채 역시 앞을 응시하고 있다. 두 사람은 왜 가운데에서 레슬링 이벤트를 하는 사람들을 보지 않고 앞을 바라보고 있는 것일까? 앉아있는 여인의 뒷사람은 엎드려서 씨름을 보고 있는데 말이다. 좌우의 두 사람은 이 그림을 보는 관객들에게 무엇을 보여주려는 것일까? 아니면 무엇을 말하려고 하는 것일까?

이 그림은 프란시스코 고야(Francisco José de Goya y Lucientes, 1746~1828)가 1794년에 그린 〈정신병원의 뜰〉(The Yard of a Madhouse)이라는 작품이다. 작품의 제목을 듣고 다시 그림을 볼 때 비로소 이곳이 정신병원이라는 것을 새삼 느끼게 된다. 건물의 벽이 특히 높다. 감히 벗어날 수 없는 위력이 느껴진다. 그렇다! 그림 속의 사람들은 정신이상으로 병원에 갇혀있는 사람들이다. 그러면 이 사람들이 취하고 있는 행동은 정신병에 따른 특이한 행동이란 말인가? 세어보니 모두 13명이다. 어째 13이란 숫자조차 어딘가 불길하다.[87] 정신병원이라고 하니 그림 속 사람들의 행동이 어떤 의도와 의미를 가지고 있는지를 파악하기는 더욱 쉽지 않을 것 같다. 정신이상에 따른 행동은 세상의 익숙한 상식이나 합리적 일관성에서 벗어나 있기 때문이다.

그러고 보니 고야 이전에 정신병을 앓고 있는 사람이나 정신병원을 그림의 소재나 주제로 그린 작품이 거의 없었던 것 같다. 고야는 왜 이 그림을 그린 것일까? 그에게 정신이상을 보이는 사람들과 정신병원은 어떤 의미일까? 한 세대 전만 해도 정신적으로 어려움을 겪고 있는 사람들을 흔히 정신병자 또는 정신이상자라고 불렀는데, 이 또한 편견이 가득한 용어로 지금 우리나라에서는 정신장애인이라고 부른다.

청각장애 화가 고야

고야는 18세기 후반에서 19세기 초반을 풍미한 스페인의 대표적인 화가이다. 그는 카를로스 4세(Charles IV, 1788~1808 재위)의 수석 궁정화가로서 활동하였다. 그의 천재적인 재능과 사회적 지위는 그의 작품을 더욱 유명하게 하였다. 그는 초기에 로코코 양식으로 귀족층의 화려한 초상화를 주로 그렸으나 후기로 갈수록 불확실하고 모순적인 사회를 고발하며 인간의 광기를 어둡고 과격하게 그려내었다. 그래서 그의 그림은 크게 전기와 후기로 구별된다. 그럼, 그 사이에 무슨 일이 있었던 것일까?

고야의 전환에는 그의 개인적인 인생사와 당시의 시대적인 역사가 함께 맞물려 있다. 개인적인 사건은 대략 1792년 무렵이었다. 그는 오랜 과로에 시달리다가 1793년 휴가를 얻어 세비아를 여행하던 중 이름을 알 수 없는 중병에 걸렸다. 카드지에 있는 후원자의 집에서 요양을 하며 건강을 회복하였는데, 그 때 심한 두통에 복통, 섬망에 환각, 시각과 청각의 장애를 겪다가 끝내 청력을 완전히 상실해 버리고 말았다. 쉽게 말해 청각장애인이 된 것이다. 그때 그의 나이 47세였다.

사람이 중도에 장애인이 된다는 것은 인생에서 매우 충격적인 일이다. 통계로 보면 장애인의 약 95%이상이 후천적 장애인이다. 날 때부터 장애를 가지고 태어나는 선천적 장애인은 실제로 얼마 되지 않는다. 대부분은 살면서 장애를 얻게 된다. 그럼에도 중도장애인이라 함은 인생의 전반기를 지나서 장애를 갖게 된 사람을 일컫는다. 어린 시절에 장애인이 된 사람은 자라면서 장애인으로서의 생존과 생활에 그럭저럭 적응하는 편이다. 그러나 20대 이후 어느 정도 자기정체성과 삶의 방식이 형성된 후에 장애를 갖게 된 경우에는 장애를 수용하고 장애에 적응하는데 상당히 큰 절망과 도전을 겪게 된다. 고야는 40대 중반에 장애를 얻게 되었으니 참 쉽지 않은 인생이었을 것이다. 그는 이후로 평생 청각장애인으로 살며 작품 활동을 하였다.

또한 이 무렵 역사적으로 스페인은 매우 어렵고 힘든 시기를 보냈다. 카를로스 4세는 정치적으로 무능했으며 잇따른 전쟁에서도 패하여 국민들은 살기가 매우 어렵게 되었다. 정치권력과 함께 교회권력도 상당히 부패하였다. 전근대적인 왕정과 함께 스페인의 가톨릭교회는 계몽적인 개혁교회를 종교재판으로 억압하였다. 고야는 이 잔인하고 혼란한 시기를 겪으며 인간의 내면과 사회의 부조리를 기괴하고 위협적인 표현으로 고발하였다. 그러고 보면 단순히 청각장애만의 문제는 아니었던 것 같다. 파레스(Gustavo Fares)는 고야의 작품에 나타난 비합리성을 단순히 질병과 장애만이 아니라 그의 시대의 정치적 기후에 대한 개인적 반응이었다고 분석하였다.[88)]

1799년에 발표한 그의 판화집 〈로스 카프리초스〉(Los Caprichos)에는 부패한 성직자, 방탕한 귀족들, 그리고 악마와 마녀들이 등장하여 미신과 어리석은 신앙과 사회상에 대한 풍자를 담고 있다. '로스 카프리초스'란 '변덕' 또는 '제멋대로'라는 뜻이다. 이 판화집은 단순한 해학이나 풍자를 넘어 인간의 내면의 탐욕과 위선 그리고 사회 현실에 들어있는 우매와 부조리를 극렬하게 표현하였다. 그래서 박홍규는 로스 카프리초스를 자유, 특히 저항하는 지성으로서의 자유로 보았다.[89)]

이후의 역사는 더욱 급변하였다. 고야는 왕정에 속한 화가였지만 또한 계몽사회를 꿈꾸었다. 사실 그 자체가 이미 고야의 내면에 담긴 갈등의 씨앗이기도 하다. 당시 고야는 프랑스의 나폴레옹

(Napoléon Bonaparte, 1769~1821)을 동경하였다. 왜냐하면 나폴레옹이 왕정을 허물고 국민에 의한 공화정을 추구하였기 때문이었다. 그런데 정작 나폴레옹 자신은 권력의 맛을 볼수록 어느새 황제와 맞먹는 아니, 그 이상의 권력을 휘둘렀으니 참 아이러니하다. 나폴레옹에 대한 고야의 실망은 나폴레옹이 자신의 조국 스페인을 침공함으로써 보다 복잡하고 혼란스러워졌다. 프랑스의 스페인 점령기(1808~1814)에 고야는 조제프 보나파르트(Joseph Bonaparte, 1768~1844, 나폴레옹의 형) 휘하에서 궁정화가로 임명되었지만 별로 활동하지 않았다. 오히려 그는 나폴레옹에게 저항하여 일어난 스페인 민중들의 전투를 작품으로 남겼다. 곧 〈1808년 5월 3일: 마드리드 수비대의 처형〉(The Third of May, 1808: The Execution of the Defenders of Madrid, 1814)이다. 고야가 마드리드 외곽 피린시페 피오(Príncipe Pío) 언덕에서 벌어진 처형장면을 보고 그렸다는 이야기가 전해지는데, 가운데 두 손을 들고 서 있는 흰 옷 입은 사람은 마치 십자가에 달린 예수 그리스도를 연상케 한다.

1815년 프랑스의 점령기가 끝나고 고야는 궁정화가의 직함은 유지하였으나 실제적으로는 공직에서 거의 물러났다. 1819년 말 그는 두 번째로 큰 중병에 걸렸다. 그는 마드리드 외곽에 있는 집을 사서 거기에 거하였는데, 그 집은 전 주인이 청각장애인이어서 '청각장애인의 집'(Quinta del Sordo)이라고 불렸다. 1820년 그는 건강을 회복하며 그곳에 14개의 벽화를 그렸다. 그 벽화들은 거의 검은색, 흙색, 회색, 갈색 등으로 암울하고 어둡게 칠해졌는데,

고야, 〈1808년 5월 3일: 마드리드 수비대의 처형〉,
1814년, 캔버스에 유채, 266×345cm, 프라도박물관, 마드리드

내용도 잔인하고 끔직한 장면들로 가득하였다. 이 그림들을 가리켜 고야의 '검은 그림들'(Pinturas negras, Black Paintings, 1819~1823)이라고 부른다.

정신장애인을 그린 작품들

고야는 인간의 내면과 사회의 이면에 들어있는 속성과 모순 곧 광기와 위선을 매우 기괴하고 암울하게 많이 그렸다. 그것은 역사적으로 혼란한 시대의 부조리한 사회상과 개인적으로 심각한 질병과 고민과도 연관이 있다. 그중에 정신병자와 정신병원을 그린 그림들이 있다. 지금 살펴보는 〈정신병원의 뜰〉은 1794년의 작품으로 고야의 정신병자 그림들 중에서는 가장 이른 것이다.

18세기 말 당시 정신병에 대한 관심이 크게 증가하였데, 그것은 크게 두 가지 접근에서였다. 하나는 과학과 의학의 발전 속에 정신병을 합리적이고 이성적으로 치료하고자 하는 접근이었고, 다른 하나는 문학이나 철학이나 예술 등의 영역에서 이성 너머의 인간성에 대한 낭만적이고 이상적인 접근이었다.[90] 귀족과 식자층에서는 이성적인 현실에서 벗어난 기괴하고 이상한 것들에 대한 관심이 고조되었다. 그것은 어쩌면 이미 몇 세기 동안 진행되어온 이성 중심의 이론과 체계화에 대한 반감과 반작용일 수 있다. 이성을 최고의 이념으로 삼으면서도 이성으로 파악되지 않는 이성 너머의 것을 갈구하였던 것이다.

이 당시, 비이성적인 것들에 대한 취향이 유행하였다. 일부 사람들은 자극적이고 잔인하고 기괴하고 섬뜩한 것들을 관람하고자 하였다. 그래서 귀족들 사이에서는 돈을 내고 정신병원을 둘러보는 붐이 일기도 하였다.[91] 당연히 정신병원을 주제로 한 그림들도 여럿 있다. 대표적으로 들라크루아(Eugène Delacroix, 1798~1863)가 그린 〈정신병원에 있는 타소〉(Tasso in the Madhouse, 1839)가 있다.

타소(Torquato Tasso, 1544~1595)는 이탈리아 시인으로서 르네상스

들라크루아, 〈정신병원에 있는 타소〉,
1839년, 캔버스에 유채, 60×50cm, 개인소장

시대에 가장 유명한 작가이자 비극적인 인물이다. 그는 1575년 그의 최대역작 『해방된 예루살렘』(Gerusalemme liberata)을 완성하였다. 그런데 대략 그 무렵부터 우울증에 시달리기 시작했다. 그는 후원자들에게 인정받지 못하고 동료들에게 부러움을 사는 상황에 좌절하였는데, 심리적으로 불안하던 1579년 발작을 일으키더니 급기야 폭력으로까지 치달았다. 그는 수녀원에 감금되었다가 곧 페라라로 돌아왔지만 1586년까지 정신병원에 갇혀 지냈다. 그는 교황 클레멘스 8세(Clemens Ⅷ, 1592~1605 재위)에 의해 시인의 왕으로서 계관(桂冠)을 며칠 앞두고 사망하였다. 당시 들라크루아와 같은 낭만주의자들에게 타소는 그의 예술과 신념 때문에 페라레세 감옥에 갇혀 고난을 겪는 예술가 영웅의 전형이 되었다.

시뇨리니, 〈피렌체 산 보니파시오의 정신병동〉, 1866~1867년, 캔버스에 유채, 63×93cm, 카 페사로 현대미술관, 베네치아

시뇨리니(Telemaco Signorini, 1835~1901)는 사회 현실에 관심을 갖고 다소 비판적인 작품을 여럿 그렸는데, 거기에는 〈산 보니파시오의 정신병동〉(Insane Ward at San Bonifacio's, 1866~1867)과 〈포르트로페라이오의 감옥 목욕탕〉(The Prison Baths at Portroferraio, 1894)이 대표적인 작품이라 할 수 있다. 둘 다 당시 수용소에서의 삶을 보여주고 있다.

위그 메를(Hugues Merle, 1822~1881)이 그린 〈정신이상자〉(The Lunatic, 1871)라는 작품도 있다. 이 작품은 〈에트레타트의 정신이상자〉(The Lunatic of Étretat)라고 불리기도 한다. 아이를 잃은 한 여인이 슬픔의 충격에 빠져 나무를 아이인 줄 알고 보자기에 싸서 품에 안고 있다. 그녀의 눈이 비통인지, 절망인지, 분노인지, 원한인지 분간하기 어렵다. 사랑하는 아이를 잃었는데 어찌 제정신일 수 있을까? 제정신인 것이 오히려 이상한 일이다. 그런가 하면 그 해가 프랑스가 프러시아와의 전쟁에서 패한 때여서 당시의 정치적 암울함을 반영하고 있다고 해석하기도 한다.[92] 누구나 개인적 또는 사회적 충격 속에 정신적인 질환이나 장애를 겪을 수 있다. 어찌 제정신일 수 있을까? 그러기에 인간이다. 사람이 한평생을 사노라면 정신장애를 겪는 일은 지극히 정상적인 일이다.

위그 메를, 〈**정신이상자**〉,
1871년, 캔버스에 유채, 152.7×99.4cm,
크라이슬러미술관, 노퍽

고야의 그림 또한 자신의 시대적 분위기에 부응한 것이라 할 수 있다. 고야의 작품은 기괴한 작품을 찾는 사람들의 욕구를 충족시키기 위한 것이라기보다 험난한 역사 속에서 고야의 거칠고 고달픈 인생에 정면으로 부딪히며 답을 찾고자 한 개인적이고 시대적 산물이다.

다시 고야의 그림으로 돌아가 보자. 먼저 1794년 작 〈정신병원의 뜰〉에서 일관된 주제를 찾기란 쉽지 않다. 정신이상은 이성적 사고와 행동을 넘어서 있음을 의미한다. 이성에 따른 사회적이고 상식적인 사고와 행동은 행하는 사람이나 상호작용하는 사람이나 아니면 지켜보는 사람이나 모두에게 이해와 납득이 가능하다. 그러나 정신이상에는 그러한 질서와 법칙이 더 이상 적용되지 않는다. 그렇다고 해서 인간 생활의 모든 것이 다 그런 것도 아니다. 그래서 더욱 혼란스럽다. 그림 속 13명의 사람들은 도대체 어떤 유의미한 일을 하고 있는 것인지 알아보기 어렵다.

고야, 〈**이성의 잠은 괴물을 낳는다**〉, 1797~1798년, 에칭과 아쿠아틴트, 216×152mm, 〈로스 카프리초스〉 43번

〈로스 카프리초스〉 중 가장 유명한 대표작은 아마도 43번 〈이성의 잠은 괴물을 낳는다〉(The sleep of reason produces monsters, 1797~1798)일 것이다. 이 작품은 이 판화집에 수록된 여러 작품들의 무지와 모순과 광기 등을 설명해 주는 열쇠 같은 작품이다. 그런 점에서 이 작품은 고야의 정신장애 그림들을 해석하는 데 기본 전제이자 중심 주제가 될 것 같다.

그림 속에 사람이 잠들어있다. 어쩌면 고야 자신일 수도 있고, 그 시대를 살아가는 인간을 대변할 수도 있다. 고대로부터 서양에서는 인간의 인간됨을 이성적 사고에서 찾았다. 호모 사피엔스(Homo sapiens)란 말처럼 인간은 생각하기 때문에 인간이다. 그리고 생각하는 것은 이성의 기능이다. 잠은 삶의 일부로서 삶을 위한 휴식과 충전이기도 하지만, 또한 삶의 중단과 단절로 해석되기도 하였다. 그래서 어떤 고대인들은 잠자는 동안에 인간의 이성은 작용하지 않는다고 생각하기도 하였다. 그래서 성경에서도 깨어 근신하라. 깨어 기도하라고 하는데(마 26:41, 막 14:38, 눅 21:36, 엡 5:18, 골 4:2, 살전 5:6, 벧전 5:8), 그것은 신체적인 잠만이 아니라 세속에 젖어 사는 영적인 잠을 비유한 것이기도 하다.

잠자는 사람 뒤로 새들이 날고 있다. 머리맡의 새들은 부엉이 같은데, 그 뒤에 멀리서 날아드는 새들은 흡사 박쥐같다. 미네르바의 부엉이는 인간의 이성, 지식, 철학을 상징한다. 헤겔(Georg Wilhelm Friedrich Hegel, 1770~1831)은 미네르바의 부엉이를 철학의 상징으로 사용하였다.[93] 박쥐는 무지, 현혹, 어두운 지식을 상징한다. 오른쪽 아래에는 의심, 교활, 배반을 상징하는 고양이 모양의 동물이 엎드려 잠든 사내를 응시하고 있다. 이성이 잠들어 더 이상 자신의 인생을 다스리지 못한다면, 그 사람의 인생은 어떻게 될까? 세계는 또 어떻게 될까? 〈이성의 잠은 괴물을 낳는다〉에서 괴물은 인간의 악하고 추하고 잔인한 내면의 표출을 상징한다. 그것은 자기 자신을 망칠뿐만 아니라 주위의 사람들을 해치고 결국 사회와 세계를 위험에 빠뜨린다.

정신병 또는 정신이상은 이성이 잠든 것에 비유할 수 있다. 이성이 잠들고 나면 괴물이 등장한다. 괴물은 더 이상 이성으로 통제할 수 없다. 이성으로 설명되고 이성으로 설계되는 사회에서 이성을 잃은 정신병자는 제어하기 곤란하다. 그래서 택하는 가장 손쉬운 방법이 정신병자를 사회에서 격리시켜 고립된 공간 곧 정신병원에 감금하는 방법이었다. 물론 이것은 스스로 이성적이라고 생각하는 사람들과 그들의 사회를 위한 것이지 결코 정신적인 장애를 가진 사람들을 위한 것은 아니다.

1794년 고야가 〈정신병원의 뜰〉을 그린 지 약 20년 후쯤 〈정신병원〉(Madhouse, 1812~1814)이라는 작품을 그렸다. 이 그림은 정신병원 안 실내의 광경을 묘사하고 있다. 중앙 상단에 빛이 비쳐오는 창살이 있다. 그러고 보면, 자유는 창살 저 너머에 있는 것 같다.

고야, 〈**정신병원**〉,
1812~1814년, 패널에 유채, 45×72cm, 산 페르난도 왕립미술 아카데미, 마드리드

양 측면은 어두컴컴하여 사람들이 무엇을 하고 있는지 정확히 파악하기 어렵다. 그나마 가운데 위치한 인물들이 환하게 드러나 있다. 중앙에 한 사내가 나체로 등을 보인 채 공중을 향하여 팔을 뻗고 있다. 보이지 않는 어떤 존재를 상대하는 것 같다. 그만의 대적자일 것이다. 그 옆에는 흰 옷을 입은 한 사람이 기둥에 기대어 선 오른손으로 왼쪽 다리를 접어 잡고 왼손으로 담배를 피우고 있다. 다른 세상으로의 도피인가? 다른 세상에 대한 동경인가? 그 옆에는 머리에 왕관 같은 것을 쓰고 흰 천으로 아래를 가린 사람이 반쯤 드러누워서 정면을 응시하고 있다. 그는 또 관람자들을 향하여 무슨 말을 하고 있는 것일까?

왼쪽에도 일군의 무리들이 있다. 어두컴컴하여 잘 보이지 않는다. 그나마 보이는 사람이 있다. 앞을 향하여 서 있는 사람은 머리에 인디언 장식을 하고 있는 것 같다. 인디언의 모습은 당시 유럽의 문화인들에겐 야만적으로 보일지 모르지만 인류 태고의 신비한 세계이며 인류의 무의식 속에 자리하고 있는 원초적 영역을 상징한다. 앞에 한 인물은 등을 돌린 채 앉아있다. 등을 돌리고 있음은 관객에겐 여전히 알 수 없는 미지의 영역으로 남아 있다. 만약 등을 돌린 사람들이 얼굴을 돌려 관람자를 바라본다면 그들은 어떤 모습일까? 관람자의 예상에서 완전히 빗나간 모습일 수도 있다. 등을 돌린 인물들은 드러나지 않은 인간의 이면성을 상징한다. 그것은 비이성, 반이성, 악마적 본성, 이성으로 통제되지 않는 영역이다. 왼쪽 아래의 두 인물은 뒤엉켜 싸우고 있는 것 같은데, 한 사람이 위에서 짓누르고 있다. 그들은 왜 싸우는 것일까? 싸워 봤자 어차피 정신병원인데. 그러나 인생이 다 그렇고, 세상이 다 그렇다. 넓게 보지 못하고 멀리 보지 못하고, 자신의 작은 우물 세계 안에서 그저 눈앞의 사소한 이유로 아웅다웅 죽을둥살둥 모르게 살벌하게 싸운다.

정신병원의 광경은 정신병원 밖 일반 세상의 광경과는 사뭇 다르다. 그러기에 당시의 귀족들이 호기심을 가지고 둘러보았을 것이다. 정신병원 밖 세상이 이성에 의해 상식적으로 파악 가능하다면 정신병원 안은 이성적인 일관성을 찾기 어렵다. 정신병자마다 각기 자신만의 세계에 살고 있다. 그러나 다 그런 것도 아니다. 어떤 사람들은 서로 부둥켜안기도 하고 서로 붙어 싸우기도 한다. 그러므로 정신병원 광경에서 하나의 통일되고 일관된 답을 찾기 어렵다. 복잡하고 낯설고, 혼란스럽고 불확실하고, 이래저래 모순투성이의 세상이다. 그러나 어쩌면 그것이 인생이고 사람들이 살아가는 세상 아닌가? 고야에게 정신병원은 그가 살고 있는 세상과 다르지 않다.

1794년 〈정신병원의 뜰〉을 그린 지 약 30년 후 80세의 고야는 정신병자를 대상으로 여러 개의 소묘 작품들을 그렸다. 그중의 하나가 〈창살 뒤의 정신병자〉(A Lunatic behind Bars, 1824~1828)라는 작품이다. 이 작품들을 통해 우리는 긴 세월이 흘렀어도 고야가 여전히 정신장애인과 정신병원 내지 정신장애인 수용소에 큰 관심을 가지고 있었음을 확인할 수 있다.

이 그림은 정신병원에 갇혀 있는 한 정신병자를 스케치한 것이다. 고야는 말년에 정신병자들을 여러 번 스케치하였다. 앞서 살펴본 작품들에선 여러 사람들이 갇혀 있는 정신병원을 묘사하였는데, 말년에는 대개 정신병자 개인을 모델로 삼아 스케치하였다.[94] 이 그림은 정신병원의 창살에 갇혀 있는 한 정신병자를 그렸다. 혹시 독방인가? 공간의 소외는 인간의 고독을 강화시킨다. 정신병자를 홀로 감금하는 것은 확실히 정신병자 당사자를 위한 것은 아니다. 그는 얼굴을 창살 사이로 내어 밀고 중앙 약간 상단을 바라보고 있다. 거기에 누가 있는 것일까? 무슨 말을 하려는 것일까? 그는 왼팔을 창살 사이로 밖으로 내어 놓고 있다.

고야, 〈**창살 뒤의 정신병자**〉, 1824~1828년, 검은 분필, 1913×145mm, 워싱턴 국립미술관, 워싱턴

몸은 갇혀 있는데, 머리와 한 팔은 밖으로 나와 있다. 갇힌 사람의 희망은 갇힌 데서 놓임을 받는 것이다. 자유에로의 해방이다. 자유는 모든 인간의 기본적인 권리이다. 자유는 사람이 자신의 의

지에 따라 무엇을 마음껏 할 수 있음을 의미한다. 그런데 자신이 바라는 바를 마음껏 하기 이전에 외부적으로 구속되어 있거나 어떤 것에 얽매여 있다면, 먼저 그것으로 놓임을 받는 것이 우선적으로 주어져야할 자유이다. 무엇으로부터의 자유(Freedom From)는 무엇을 위한 자유(Freedom For)로 나아가고, 나를 위한 자유(Freedom for Me)는 모두를 위한 자유(Freedom for All)로 나아가야 한다.

갇혀 있는 이 사람은 무슨 큰 죄를 지은 것일까? 그림의 제목은 이 사람이 정신병자임을 알려주고 있다. 그런데 엄밀히 말해 정신병이 죄는 아니다. 간혹 정신병으로 인해 소동을 일으키고 사고를 칠 수는 있지만, 악의적으로 죄를 지을 의도로 작정하고 죄를 짓는 것은 아니다. 정신병은 죄가 아니라 병이고, 정신장애는 죄가 아니라 장애이다.

정신장애와 정신장애인

의학적으로 병이 장애로 진행되는 것은 심심찮게 목격되는 일이다. 질병으로 인하여 신체가 손상되고 심지어 절단되거나 기능을 상실하는 경우도 있다. 내부 장기 장애의 경우는 일반적이다. 정신병도 정신장애로 남는 경우가 흔하다. 얼마 전까지만 하더라도 정신병자라고 하면 사회에서 매우 따가운 시선으로 보고 정신병원과 같은 곳에 격리시켰다. 정신병자 또는 정신이상자라는 낙인 내지 꼬리표는 사회에서 일반장애인보다 훨씬 더 심한 소외와 차별을 겪게 하였다. 그래서 일반장애인에게 남아있던 연민과 동정도 정신장애인에겐 잘 허락되지 않았다.

왜냐하면 정신병자라고 하면 사회적으로 매우 난폭하고 위험하다고 생각하였기 때문이다. 많이 완화되었지만 정신장애인이란 용어에도 여전히 사회에서 기피하는 경향이 크다. 신체장애인에 비해 신체적으로 건강하고 또 지적장애인에 비해 지능도 좋기 때문에 정신장애인의 기행적이고 돌발적인 행동은 충격적으로 느껴졌고 또 어쩌다 발생하는 정신장애인의 돌발행동이 매우 위험스런 사회적 물의로 보도되었기 때문이다. 대부분의 신체질환이 조건부로 정상화된 일탈이라고 한다면, 정신질환은 사회적으로 정당화될 수 없는 일탈로 여겨졌다.[95] 그래서 정신병자는 일반장애인보다 함께 어울리기에 더 꺼리게 되었고 멀리하게 되었다. 정신장애인을 매우 위험한 존재로 보고 격리, 고립시켰다. 그러나 실제 정신장애인의 사고율은 비정신장애인에 비하면 오히려 미미한 수준이다. 엄밀히 말하자면, 정신장애에 대한 사회적 편견이 정신장애인을 무서운 공포의 대상으로 만들어 버렸다.

낙인(Stigma)이란 것이 참 무섭다. 한 번 찍힌 낙인은 잘 지워지지 않고 평생을 따라다니며 괴롭힌다. 정신장애인이라는 낙인은 그의 일상생활은 물론 사회생활 전반을 망가뜨린다. 어디에서 무엇을 하려고 해도 낙인은 끈질기게 따라다니며 그의 발목을 옭아맨다.

실제로 그가 어떤 상태이며 어떤 것을 소망하는지에 대해서는 알려고 하지 않고, 일단 덮어놓고 혐오와 기피, 공포와 격리의 대상으로 삼는다. 사회적 낙인이 생활에 심각한 위축과 차별과 단절을 초래한다.

꼬리표(Label)란 것이 참 무섭다. 실제 그의 인생을 들여다보려 하지 않는다. 그런 꼬리표가 붙게 된 연유를 헤아려 보지도 않고 그의 나아진 현재 상태도 고려하지 않는다. 그저 붙어 있는 꼬리표 하나로 그의 인생 전체를 단정 짓고 재단하고 도매 처리해 버린다. 라벨이 내용을 잠식한다. 정신장애인이라는 꼬리표가 실제로 사회에서 아무 것도 못하게 만들어 버린다.

낙인이나 꼬리표가 무서운 것은 사회적 통념과 관습이 그것을 정당한 것으로 받아드리고 사회의 법과 제도와 문화와 관습 전반에 지배적으로 반영된다는 사실이다. 그런 사회 속에서 일반인은 물론 심지어 정신장애인마저 자신이 사회에 큰 해악을 끼치고 피해를 주는 존재로 의식하게 만들어 버린다. 이것을 정신장애인의 자기낙인(Self-stigma)이라고 한다.[96)] 그래서 정신장애인에 대한 인권침해와 차별마저 정당한 것으로 받아들이게 한다. 사회적 낙인이 대중은 물론 자기와 주변인 모두를 낙인화하며 이것은 역으로 다시 사회의 구조적 낙인을 강화시킨다. 이러한 낙인은 장애인 자신에게 큰 저주이며, 비장애인에겐 큰 교만이고, 사회적으로는 큰 죄악이다. 그래서 몰트만은 진정한 장애 해방은 장애인 당사자는 물론 비장애인과 사회 전체를 절망과 교만과 불의로부터 해방시킨다고 주장하였다.[97] 좋은 사회는 사회적 낙인을 제거함으로써 장애인에게 새겨진 자기낙인으로부터 해방시킨다. 장애인에게는 낙인과 배제가 아니라 소망과 포용이 필요하다.

우리나라에서는 2000년에 정신장애를 법정 장애로 삼았다. 더 이상 정신병자나 정신이상자가 아니라 정신장애인이다. 정신장애인은 지속적인 정신분열병, 분열형 정동장애, 양극성 정동장애 및 반복성 우울장애에 따른 감정조절 행동·사고·기능 및 능력의 장애로 인하여 일상생활이나 사회생활에 상당한 제약을 받아 다른 사람의 도움이 필요한 사람을 말한다. 여기서 정동장애(情動障碍)란 여러 현실 상황에서 감정적으로나 정신적으로 부적절한 반응을 보이는 장애를 말한다. 우리는 정신장애인을 사회에서 함께 어울려 살아가야 할 동등한 인격체로서 인정하고, 일상생활이나 사회생활에 필요로 하는 도움을 받을 정당한 권리가 있는 사회구성원임을 분명히 해야 한다.

장애인시설과 탈시설화

고야는 사회 속에 정신병자가 아니라 정신병원 속에 갇혀 있는 정신병자를 주로 그렸다. 유럽에서 중세 이후 정신병원이 생겨났는데, 말이 좋아 병원이지 엄밀히 말해 치료는 없고, 족쇄를 채워 정신병자를 가두어 놓은 교도소와 비슷하였다. 사회의 통념이나 규범에서 벗어난 사람들을 정신에 이상이 있다고 하여 위험한 인물로 간주하여 사회에서 격리 감금시킨 것이었다.

18세기에 들어서 정신병에 대한 인식이 점차 개선되고 정신병자들도 치료를 받아야 한다는 접근이 생겨났다. 필리프 피넬(Phillipe Pinel, 1745~1826)은 정신병자도 인권을 가진 존재로서 치료의 대상임을 주장하였고, 그의 주장에 따라 사회로부터의 격리가 아니라 치료기관으로서 정신병원이 세워지기 시작했다. 그럼에도 불구하고 정신병자에 대한 편견과 차별은 여전하였다. 당시 이성의 통제에서의 이탈을 갈구하던 사람들에게 정신병원은 오히려 좋은 관광이요 오락거리였다. 역사적으로 정신병원은 정신장애인수용소였다. 그리고 이 정신병원으로부터 근대의 장애인수용시설이 출발하였다.

사회가 장애인에게 관심을 갖기 시작한 것은 불과 1~2세기 전의 일이다. 지난 세기 장애인을 위한 기본 정책은 장애인을 위하여 별도의 장애인수용시설을 설립하는 것이었다. 여기저기 흩어져 있는 장애인들을 한 시설에 수용하여 그곳에서 교육과 치료 그리고 노동과 생활을 함께하게 한 것이다. 처음엔 상당히 효율적으로 보였다. 정부로서도 적은 재정과 인력으로 많은 장애인들을 돌보기에 유용하였고, 장애인들 또한 시설에서 교육과 치료를 제공 받고 또 동병상련의 장애인들이 서로를 기대어 함께 살기에 유리해 보였다.

그러나 얼마 지나지 않아 장애인시설에 거주하는 장애인의 인권과 삶의 질에 대한 문제가 제기되었다. 결국 지난 세기 후반부터는 탈시설화(Deinstitutionalisation, 脫施設化)가 추진되었다. 많은 장애인들이 시설에서 함께 생활하다 보니 장애인의 인권이 침해를 받고, 장애인 개인의 자유가 통제되고, 시설의 운영상 편익을 위해 장애인의 삶이 심각하게 억압당하였음이 드러났기 때문이다. 복지시설을 설립하고 운영하였던 분들의 개인적인 자선과 헌신과 무관하게 시설의 운영과 발전을 위해서는 이러한 유린과 억압은 강화되었다. 탈시설화란 장애인을 시설에 가두어 돌보는 것이 아니라 시설에서 나와 지역사회에서 비장애인들과 함께 어울려 살도록 하는 취지다.

장애인이라고 해서 사회에서 격리되어 특정 시설에서 장애인끼리만 살아야 하는 것은 결코 바람직한 일이 아니다. 그것은 인권의 침해이고 유린이다. 어떤 장애인은 평생을 장애인시설 안에서만 살아야 했다. 자신의 선택도 아니고 장애인이기에 강요된 장애인시설에서의 삶은 처음부터 자유를 빼앗긴 삶이었다. 장애인 시설의 대형화는 장애인 개인의 인권과 자유를 더욱 침해하였다. 장애인 역시 존엄하고 고귀한 한 인간으로서 마땅히 인간다운 삶과 행복을 추구할 자유와 권리를 가지고 있다. 그리고 그것은 별도의 장애인시설에서가 아니라 여느 사람처럼 지역사회에서이다.

장애인에 대한 관심과 장애에 대한 각성은 장애인의 삶의 질

향상과 행복한 삶을 추구하게 되었다. 장애인 역시 비장애인과 동등하게 행복하게 살아야 할 존재이다. 장애인이라고 해서 비장애인과 다른 이상한 삶을 살도록 강요받아선 안 된다. 정상화(Normalization)와 일상화(Routinization)는 장애인도 비장애인과 동등하게 사회에서 인간으로서의 기본적이고 일상적인 삶을 살 수 있어야 함을 의미한다. 장애인과 비장애인이 서로 구분되고 분리되고 따로 살아야 하는 것도 아니다. 오히려 함께 어울려 살아야 한다. 그래서 통합화(Integration)가 추진되었다. 장애인의 사회에서의 완전한 참여와 평등(Full Participation and Equality)은 장애인이 함께 사는 사회의 기본 방향이 되었다. 장애인 또한 사회에서 동등한 시민으로 살 수 있어야 한다. 그래서 장애인의 자립생활(Independent Living)이 추구되었다. 장애인이라고 해서 어느 특정 장소나 시설에 갇혀 사는 것이 아니라 비장애인과 마찬가지로 지역사회에서 일상생활을 하며 자유로이 살아가야 하는 것이다.[98)]

그런데 자칫 통합화와 자립화의 이념에 사로잡혀선 안 된다. 막무가내식의 탈시설과 독립생활이 만사가 아니다. 장애인시설을 완전 폐지하고 모든 장애인을 지역사회에서 홀로 살게 하는 외양이 중요한 것이 아니다. 비장애인이나 장애인이나 무조건 형식적으로 홀로 산다고 해서 행복한 것도 아니다. 사람의 성향마다 다르고 상황마다 다르다. 사랑한다면 가족과 친구와 함께 사는 것이 더 행복할 수 있다. 물론 가족이라고 해도 소외와 차별, 억압과 폭력은 용인될 수 없다. 이 시대는 다양한 사람이 다양한 방식으로 살아가는 다원화 사회이다. 장애인을 위해서 수많은 주거와 생활의 양식들이 있는 것이 좋다. 중요한 것은 강제된 탈시설과 독립생활이 아니라 장애인의 자유와 행복한 삶이다. 결정은 장애인 당사자의 몫이다.

정신장애인도 마찬가지이다. 정신장애인도 사회의 동등한 구성원으로서 행복한 삶을 살 수 있어야 하고 또 자신의 의지에 따라 이웃과 사회를 위하여 기여할 수 있어야 한다. 정신병원 퇴소 후 공동가정생활(Group Home)을 거쳐 지역사회 내 자립생활에로의 순차적인 적응도 좋은 방법이 될 수 있다.[99] 정신장애인들의 자조모임이나 비정신장애인들과의 교류와 사귐은 보다 행복한 삶으로 나아가고, 건강하고 안전한 사회로 나아가게 한다. 정신장애인을 위한 치료와 교육과 재활, 그리고 각자의 개성과 재능에 맞는 직업과 취미와 활동은 그의 삶을 더욱 풍요롭게 하고 사회 전체에도 큰 유익이 될 것이다. 정신장애인은 지역사회에서 함께 어울려 사는 것이 가장 좋다. 그것을 위한 인식과 제도와 프로그램과 지원과 봉사와 후원이 필요하다.

7

프리드리히의
<교회가 있는 겨울풍경>

프리드리히, 〈**교회가 있는 겨울풍경**〉,
1811년, 캔버스에 유채, 33×45cm, 미술·미술사박물관, 도르트문트

7

프리드리히의
<교회가 있는 겨울풍경>

그림 들여다보기

그림은 눈 덮인 산속의 겨울 풍경을 묘사하고 있다. 온통 눈으로 덮여있는데, 전반적으로 화질이 뿌연 것이 어딘가 모르게 신비한 기운이 감돈다. 물리적으로는 여전히 눈이 내리는 것 같기도 하고, 내린 눈발이 바람에 다시 날리는 것 같기도 하다. 그림 한 가운데에는 전나무와 바위가 마치 주인공처럼 떡하니 자리를 잡고 있고, 저 너머 뒤로 희미하게 교회의 모습이 보인다. 전나무에도 바위에도 간간히 눈이 덮여 있고, 뒤에 위치한 교회는 희뿌연 눈 속에 실재인지 환영인지 헷갈리게 한다. 전체적으로 그림에서 매우 신비스런 느낌이 느껴진다.

그리고 오른쪽 아래 눈밭에 지팡이인지 목발인지 한 쌍이 내팽겨져 있다. 그렇다면, 어딘가 이 목발을 짚던 사람도 있을 것 같은데, 어디에 있을까? 그렇다. 자세히 보면 가운데 놓인 바위 뒤편 아래에 한 사람이 바위에 등을 대고 기대어 있다. 그리고 그의 앞에는 정말 생뚱맞게 하나의 십자가가 서 있다. 십자가는 전나무 안에 들어있다. 예수가 달린 십자가이다. 주의 깊게 주목하여야 발견할 수 있다. 눈 내리는 산 속의 전나무 안의 십자가라? 무슨 의미일까?

이 풍경이 정말 실재하는 현실을 그린 것인지는 의심스럽다. 왜냐하면 전나무 앞에 십자가가 서 있다는 것도 의아한 일이고, 또한 그 뒤로 저 멀리 교회가 서 있다는 것 또한 비현실적으로 보이기 때문이다. 바위에 기대어 있는 사람의 사이즈를 고려하면 그림 속 바위와 전나무는 매우 크고, 원근법을 감안한다면 교회는 더더욱 커 보인다. 그리고 이 사람이 왜 여기에서 이러고 있는지는 잘 모르겠다. 그저 잠시 쉬어가는 것일까? 아니면, 여기가 목적지인 것일까? 화가는 도대체 이 그림으로 무엇을 말하고자 하는 것일까?

자연에다 신앙을 그린 프리드리히

이 그림은 카스파르 다비트 프리드리히(Caspar David Friedrich, 1774~1840)가 그린 〈겨울풍경〉(Winter Landscape, 1811)이다. 그림에 교회가 등장하고 있어서 이 그림을 가리켜 종종 〈교회가 있는 겨울풍경〉(Winter Landscape with Church)이라고 부르기도 한다. 프리드리히는 독일을 대표하는 낭만주의 화가로서 특히 자연을 그림의 주제로 부상시킨 인물이다. 그는 주로 산과 바다를 많이 그렸는데, 그가 그린 산과 바다는 단순히 있는 그대로의 자연이라기보다는 어딘가 모르게 신비하고 거룩한 종교적 분위기를 담고 있다.

프리드리히는 우울한 어린 시절을 보냈다. 일곱 살에 어머니를 여의고 누이동생도 잃었다. 또 가장 가까운 형도 어려서 함께 스케이트를 타다가 대신 죽음을 맞이하였다. 어린 시절의 경험은 그에게 평생 죄책감과 경외심을 안겨주었다. 1790년 그라이프스발트 대학(Universität Greifswald)의 교수 요한 고트프리트 크비스토르프(Johann Gottfried Quistorp)로부터 개인 교습을 받아 그림공부를 시작하였다. 그리고 크비스토르프를 통해 또한 신학자이자 목회자 루드비히 고트하르트 코제가르텐(Ludiwig Gotthard Kosegarten)을 만났는데, 그로부터 낭만주의적이고 신비주의적인 사고를 배웠다. 코제가르텐은 프리드리히에게 경건주의를 통해서 하나님의 현존을 체험하게 하였고, 자연 또한 하나님의 계시라는 사실도 가르쳐 주었다. 그래서 프리드리히는 자연을 종교적 개념으로 파악하였다. 그에게 신성함이란 자연을 통해 나타나며 자연에 대한 경험이 곧 하나님에 대한 경험으로, 자연에 대한 경외가 곧 하나님에 대한 경외로 인식되었다. 프리드리히의 그림에는 이러한 종교적 자연관이 담겨 있다.[100)]

프리드리히의 풍경화는 사진처럼 자연을 사실적으로 표현하려는 것이 아니다. 낭만주의 작품이 대개 그러하듯 풍경화 안에 작가의 감정과 의도가 담겨 있다. 그의 그림 속 자연은 신적 임재의 세계로서 거기에는 하나님을 경험하는 인간의 감정이 묻어있다. 그래서 그의 그림 속 자연은 환한 대낮의 밝고 선명한 색조라기보다 마치 안개가 낀 것 같은 희미한 경계의 색조가 전반적이다. 인간의 이성에 의해서 명확하게 이해되고 파악되고 예측되는 삶이 아니라 여전히 애매하고 불확실하고 불안한 삶 그러나 거룩하고 경건하고 신비로운 삶을 내포하고 있다. 그래서 랜쉬트릴(Barbara Ränsch-Trill)은 프리드리히의 그림이 칸트의 경험과 사유 사이의 경계를 상징적으로 표현한다고 주장하였다.[101)]

낭만주의는 이성을 중심으로 르네상스를 계승한 계몽주의에 대한 반동으로 일어난 문예사조이다. 계몽주의는 철학과 과학의 발전 속에 인간의 이성을 절대시하였다. 계몽주의는 이성적인 국가의 도래를 전망하였지만, 실제 유럽의 현실은 비합리적이게도 잔혹한 혁명의 역사로 전개되었다. 계몽주의가 인간의 정신 중에서 유독 이성을 강조하였는데, 어느덧 이성이 만들어 낸 주관적 지식만이 전수될 뿐이었다.[102)] 낭만주의는 이에 반하여 인간 정신의 다른 기능, 특히 감정에 끌리게 되었다. 인간의 삶 전체를 아우르며 인간의 삶을 행복하게 느끼게 하는 것은 이성이라기보다는 더 근원적인 감정이라고 여겨졌기 때문이다.

계몽주의가 인간의 이성적 사유에 집중했다면, 낭만주의는 인간의 삶의 경험에 집중하였다. 삶의 경험이란 결국 인간이 세상과 만남으로써 얻어지는 것이다. 인물이든 사물이든, 자연이든 사태이든 어떤 상황을 마주함으로써 인간에게 삶의 경험이 만들어진다. 계몽주의가 모든 것을 인간을 중심으로 의식하고 표현하였다면, 낭만주의는 인간과 함께 인간의 삶을 구성하는 세상에 관심을 갖기 시작하였다. 특히 자연은 인간을 둘러싸고 있는 거대하고 거룩하고 신비한 종교적 세계이다. 프리드리히는 낭만주의자들과의 교분 가운데 예술은 인간 내면에 뿌리를 두어야 하며 도덕적으로 또는 종교적인 가치에 의존해야 한다고 확신하였다.[103]

낭만주의는 이전에 지배적이던 '자연 위의 인간'에서 '자연 속의 인간'으로 관심을 전향하였다. 낭만주의는 자연 속의 인간을 의식하면서 자연에 관심을 갖고 자연을 주제로 자연을 통해 인간의 현존과 삶을 담아내기 시작하였다. 이전의 그림에서 자연이 인물을 드러내기 위한 배경에 머물렀다면, 낭만주의 작품에서 자연은 자연대로 주목을 받기 시작하였다. 이전에는 인간을 잘 표현하기 위하여 자연을 배경으로 그려 넣었다면, 이제는 자연을 그리는 것 자체가 하나의 예술 작품이 되었다.

나아가 그림 속 자연은 인간의 존재와 현실과 감정을 반영하기에 이르렀었다. 낭만주의 작품에서 자연은 인간 정신이 신을 만나는 자리이자 인간 정신이 자신을 투사한 투영체가 되었다. 암슈투츠(Nina Amstutz)는 프리드리히 그림에 특히 사람의 뒷모습이 많이 등장하는데, 이것은 자아를 풍경화의 정당한 주제로서 부각한 것이라고 주장하였다.[104] 그러므로 인간은 자연에 대한 경외 속에서 그저 무력한 존재가 아니다. 오히려 자연 속에서 자아를 넘어 신성을 발견해 가는 인간의 숭고함이 들어있다. 그래서 왓슨(Peter Watson)은 프리드리히의 그림에는 칸트의 숭고함에 대한 이상이 담겨 있다고 하였다.[105)]

낭만주의 화가 프리드리히의 작품에서 신개신교주의(Neuprotestantismus)와의 조우를 발견할 수 있다. 특히 슐라이어마허와의 만남이 그렇다.[106)] 문예사조상 두 사람은 모두 계몽주의와 이성주의에 반대한다. 이성에 의한 계몽이 아니라 심성에 의한 경험이 삶의 원천이다. 모든 종교적 체계나 교의학을 거부한 슐라이어마허의 관점은 전통적으로 기독교의 도상학을 거부한 프리드리히의 작품과 서로 공명한다. 교회 건물이 종교적 실존을 위한 유일한 자리가 될 수 없음을 두 사람은 너무 잘 알고 있었다.[107)]

하베이(A. D. Harvey)는 프리드리히의 작품에 나타난 종교적 감정을 도상학적으로 분석하며 그의 작품을 크게 세 시기로 구분하였다. 먼저 1803~1812년경, 그는 신적 임재의 상징으로 십자가나 십자가형, 고딕양식의 교회, 수도사를 주로 사용하였다. 다음 1812~1820년경, 그는 무한자나 불가해자의 개입의 의미로서 자연 풍경보다 풍경을 응시하는 개인이나 한 쌍의 사람들을 주로 묘사하였다. 마지막으로 1820~1830년경, 그는 신적 능력의 임재를 의미하는 초월 세계로부터의 조명 아래 등장인물 없이 주로 자연 풍경을 묘사하였다.[108)]

겨울풍경에 관한 두 개의 연작

프리드리히는 1811년에 겨울풍경을 주제로 두 편의 연작 그림을 그렸다. 두 그림은 분위기와 내용이 이어져 있어서 마치 한 편의 이야기 같다. 두 작품을 구별하기 위해서 흔히 앞의 것을 〈겨울풍경〉, 뒤의 것을 〈교회가 있는 겨울풍경〉이라고 부른다. 그러니까 앞서 우리가 주목하여 들여다 본 그림은 두 연작 그림 중 후자의 것이다.

두 그림은 모두 독일 북부 산악의 눈 덮인 겨울풍경을 그려내고 있다. 그럼, 먼저 〈겨울풍경〉을 살펴보도록 하자.

카스파르, **〈겨울풍경〉**,
1811년, 캔버스에 유채, 33×46cm, 국립박물관, 슈베린

먼저 〈겨울풍경〉에는 눈 덮인 산에 밑동을 드러낸 잘린 나무들과 헐벗은 나뭇가지들이 삭막하게 드러나 있다. 이것들은 죽음의 세계를 의미한다. 나무 사이로 한 사람이 엉거주춤 지팡이를 의지한 채 구부정하게 버티어 서있는데, 마치 주변의 뒤틀린 나무의 형상과 닮아서 마치 죽어가는 겨울을 반영하는 듯하다.[109] 역으로 비유하자면, 잘려진 나뭇가지는 마치 처절한 운명의 사람들이 절규하는 것 같다. 산은 온통 차디찬 눈으로 덮여 온기조차 없이 차갑고, 하늘은 온통 잿빛으로 희망의 여지조차 없이 어둡다. 산 속의 나무들은 나뭇잎도 하나 없이 모두 휑하니 황량하기 그지없다. 나무의 가지라도 좀 남아 있으면 좋으련만, 눈 쌓인 나뭇가지는 아름다움이 아니라 희망의 기미조차 찾아보기 어렵게 만든다. 주변에 대부분의 나무들은 잘려서 아예 밑동 밖에 남지 않았다. 황량하고 처량하게 눈 덮인 겨울 산은 인간의 현실을 표현한다. 그것은 당시 프리드리히가 독일 산악의 겨울이라는 계절에서 느끼는 정취인 동시에 그의 시대에서 느끼는 감정일 것이다.

이어지는 그림 〈교회가 있는 겨울풍경〉 역시 황량하기는 매한가지다. 두 그림 모두 온통 눈 덮인 삭막한 겨울이다. 그런데 두 그림 사이에는 약간 달라진 분위기가 감지된다. 전자가 답답한 것이 꽉 막힌 겨울 산 같다면, 후자는 어딘가 모르게 약간은 시원한 것이 탁 트인 겨울 산 같다. 전자에선 눈 속에서 온통 앙상한 나뭇가지라고 한다면, 후자에선 눈밭이지만 전나무에 잎이 가득하다. 전자에는 교회도 십자가도 없는 데 반해 후자에는 약간 환상적이긴 하지만 그래도 교회도 있고 십자가도 있다. 전자가 아무 것도 보이지 않는 깊은 산속 눈밭에서 헤매고 있는 불안과 절망을 표현하였다면, 후자는 십자가를 바라보며 죽음 너머 부활을 희망하는 것 같다. 두 그림 모두 눈 덮인 겨울 산을 그리고 있지만, 후자는 어딘가 모르게 죽음의 계절을 지나 이제 새로운 세계로 승화되어가는 것 같다. 정금희는 이 두 작품을 가리켜 종교적으로 상승된 자연을 인간의 진정한 귀환지로 위치시킨 '풍경의 성화'로 볼 수 있다고 평하였다.[110)]

지체장애인을 중심으로 한 연작 해석

이 그림은 슈바인 지역의 겨울풍경을 그린 것으로 알려져 있다. 지금껏 여러 미술사학적 접근이 독일의 낭만주의 풍경화나 프리드리히의 자연관 등에 집중하였는데, 나에게는 바위에 등을 기댄 한 인물, 보다 정확히 말하면 한 쌍의 목발을 내팽개친 사람에게 관심이 간다. 이 사람은 누구일까? 실제로 프리드리히가 어떤 인물을 모델로 삼은 것인지는 잘 모른다. 그리고 그것은 또한 지금 내 관심의 영역 밖이다. 지금 나의 관심은 그가 아마도 지체장애인인 것 같다고 하는 추정에 있다.

연작이므로 앞서 〈겨울풍경〉으로 거슬러 올라가 보면, 그림 속의 인물은 겨울나무와 닮은 모습으로 지팡이를 의지한 채 매우 어정쩡한 자세로 우두커니 서 있다. 아니, 어쩌면 지팡이를 의지하여

겨우겨우 걷고 있는 것일지도 모른다. 그렇다고 해서 그가 갈 길을 알고 가는 것 같아 보이지도 않는다. 오히려 불편한 몸으로 어디로 가야할지 모른 채 그저 눈 쌓인 겨울 산을 헤매고 있는 듯하다. 갈 바를 알지 못하고 인생을 살아가는 불안한 인간의 실존 같다. 〈겨울풍경〉이 죽음을 연상시킨다면, 이 인물은 죽음을 향해 달려가는 인간의 실존을 연상케 한다.

겨울의 눈 덮인 산은 위험하다. 일단 추위도 추위이지만 눈 때문에 미끄럽고, 또 눈으로 덮여 있어 그 아래에 무엇이 있는지 알 수 없어 위험하다. 자칫 잘못 내딛었다간 아래로 미끄러져 굴러 떨어질 수도 있고, 눈 속의 깊은 수렁이나 계곡으로 떨어질 수도 있다. 거기엔 죽음의 위험이 도사리고 있다. 게다가 그림 속의 이 사람은 지금 혼자다. 무슨 일을 당해도 도와줄 이가 아무도 없다. 춥고 눈 덮인 겨울 산에 홀로 걷는 모습이 불안과 염려 속에 이 세상을 살아가는 인간 실존의 모습과 너무나 닮아 있다. 그것도 지팡이에 자신의 몸을 의지한 지체장애인이다.

이어지는 연작 〈교회가 있는 겨울풍경〉에서는 한 사람이 바위에 기대어 있다. 앞선 그림과의 연속선상에서 인물을 보자면, 눈 쌓인 겨울 산을 헤매던 사람이 어느덧 산속을 빠져나와 바위에 등을 기댄 채 반 누워있다고 생각해볼 수 있다. 안도감이 느껴지기도 한다. 그런데 그것도 잠깐, 그가 짚고 다니던 지팡이가 저만치 하얀 눈 위에 따로 따로 떨어져 있다. 프리드리히의 화풍이기도 하지

프리드리히, 〈교회가 있는 겨울풍경〉,
1811년, 캔버스에 유채, 33×45cm, 미술·미술사박물관, 도르트문트

만, 흐리고 희미하게 그려진 겨울 산은 여전히 어디가 어디인지 분간하기 어렵게 한다.

이 지체장애인은 이제 갈 길을 제대로 찾아서 나온 것일까? 아니면 바라던 목적지에 도착한 것일까? 아니면 여전히 갈 길을 찾지 못한 채 잠시 머물러 쉬고 있는 것일까? 이제 또 어디로 가야할까 고민하고 있는 것일까? 아니면, 목발마저 멀리 팽개친 것을 보니 혹시 이제 생의 끈을 놓고 막다른 순간을 맞이하려는 것일까? 잘 모르겠다. 그런데, 바위에 기대어 있는 그의 모습은 지극히 경건하다.

그렇게 작은 바위에 기대어 있는 그가 두 손 모아 기도하며 응시하고 있는 곳은 바로 눈앞에 서 있는 십자가에 달린 예수 그리스도이다. 그림에서는 저 멀리 흐린 겨울 풍경 속에 고딕 양식의 교회가 희미하게 보이고 있다. 험난한 겨울 산을 헤쳐 나온 뒤의 감사 기도일 수도 있고, 여전히 갈 바를 알지 못한 채 갈 길을 알려달라고 하는 간구일 수도 있고, 늘 정해진 시간에 하는 기도일 수도 있고, 인생의 마지막 순간을 맞이하는 임종 기도일 수도 있다. 그러나 기도의 순간은 언제나 거룩하다.

〈겨울풍경〉과 〈교회가 있는 겨울풍경〉 연작은 겨울의 추위와 황량함과 함께 인간의 질고와 죽음을 상징하는 가운데 부활의 소망과 기쁨을 그려내고 있다고 해석되어 왔다. 앞의 그림이 죽음의 절망을 강조한다면, 뒤의 그림은 부활의 소망을 강조하고 있다. 그런데 그 소망은 어떤 소망일까? 현실에서 실현 가능한 소망일까? 현실에서는 절망하고 내세를 바라보는 소망일까?

프리드리히는 유독 자연 풍경을 많이 그렸다. 그의 작품의 거의 대부분이 자연을 그린 풍경화이다. 물론 그의 작품에도 종종 인물들이 등장하는데, 특이한 것은 인물들이 대개 뒷모습으로 등장하거나 아주 작게 등장한다는 것이다. 가끔은 정면이나 측면의 인물이 등장하기도 한다. 그림 속에서 뒷모습으로 등장하거나 작게 등장하는 인물은 정확하게 그를 알아볼 수가 없다. 만약 인물의 앞모습을 크고 정확하게 그렸더라면 우리는 그 인물의 얼굴 표정과 신체적 특징과 정면의 의상에서 그가 어떤 형편이고 무엇을 표현하려는지 좀 더 명확하게 간파할 수 있었을 것이다. 그러나 뒷모습이기에 그의 존재는 자연 속에 투영되어 다가온다. 정면을 명확히 볼 수 없기에 그의 존재나 심정이나 삶은 오직 뒤에 그려진 자연 풍경을 통해 반추할 뿐이다. 그런 점에서 프리드리히의 풍경화는 작품 속 인물의 삶, 더 나아가 화가의 삶을 담아 표현하고 있다. 작품에 대한 해석은 작가의 것인 동시에 또한 관객의 것이기도 하다. 나는 이 그림에서 한 지체장애인을 본다.

교회와 십자가에 달리신 예수 그리스도

장애인은 여전히 산 속 눈밭에 있다. 그림 속 저 뒤로는 높이 솟은 교회가 배경으로 보인다. 프리드리히는 교회를 주로 중세의 높은 첨탑의 고딕양식으로 그렸다. 그것은 기독교, 거룩한 신성의 임재를 의미한다. 바위에 몸을 기댄 장애인이 바라보고 있는 정면에는 예수 그리스도의 십자가가 우뚝 서있다. 지팡이마저 내팽개쳤다는 것은 쉰다기보다 더 이상 걸어갈 형편이 못되거나 보다 극단적으로 이제 더 이상 걸어갈 의지를 포기하여 버렸음을 의미하는 것인지도 모른다. 그런데 바로 거기에서 저 멀리 세상이 동경하는 고딕 양식의 교회가 아니라 바로 앞에 서 있는 십자가에 달린 예수 그리스도가 마주하고 있다. 이 그림은 현실 교회와 예수 그리스도 사이의 괴리를 반영하고 있는 것 같다.

프리드리히의 작품에서 교회는 대개 긍정적이고 희망적인 이미지이다. 그의 황량하고 스산한 자연 풍경 속에서 희미하게 보이는 교회는 막연하게나마 생명과 희망을 의미한다. 그러나 언제나 뿌옇게 마치 환영 속에 있는 것처럼 보인다. 적어도 이 연작의 두 번째 그림에서 멀리 희미하게 보이는 높은 교회와 지체장애인이 바위에 기대어 마주하는 십자가의 그리스도와는 무엇인가 거리감이 있어 보인다. 교회는 이 세상에 현존하는 예수 그리스도의 몸이다. 그런 신학적 연속선상에서 본다면, 둘은 같은 의미를 가지고 있거나, 아니 오히려 십자가에 달린 그리스도가 멀리 있고, 오히려 현실에서 보이는 그의 몸인 교회는 가까이 있어야 할 것이다. 그런데, 교회는 저 멀리 희미하게 존재한다.

여기서 프리드리히의 또 다른 십자가 그림을 보자. 그것은 바로 이듬해인 1812년에 그린 〈산중의 십자가〉(The Cross in the Mountains)라는 작품이다. 이것은 〈산중의 십자가와 대성당〉(Cross and Cathedral in the Mountains, 1812)이라는 이름으로 널리 알려져 있다. 이 그림 역시 예수 그리스도의 십자가와 교회가 함께 등장하지만, 〈교회가 있는 겨울풍경〉과는 사뭇 달라 보인다. 이 그림에서는 그림 한 가운데 예수 그리스도가 달린 십자가가 서 있고, 그 뒤에 전나무들 사이로 한 가운데 고딕 양식의 큰 교회가 서 있다. 프리드리히의 그림에는 종종 고딕양식의 교회가 등장하는데, 교회는 거룩하고 신비한 진리를 담고 있는 기독교를 상징하고 있다.[111] 〈산중의 십자가와 대성당〉에서 십자가에 달리신 예수 그리스도는 곧 교회이다. 예수 그리스도와 교회는 하나이다. 교회를 배경으로 십자가가 서 있고, 십자가 뒤에 교회가 동일선 상에 존재하고 있다. 예수 그리스도는 머리이고 교회는 그의 몸이다. 교회의 전면은 예수 그리스도이고, 예수 그리스도를 통하여 교회에 들어가고, 교회는 세상에 현존하는 예수 그리스도이다. 십자가 아래 바위틈에서 강물이

프리드리히, 〈**산중의 십자가와 대성당**〉,
1812년, 캔버스에 유채, 45×37cm, 쿤스트팔라스트미술관, 뒤셀도르프

흘러나오고 있다.

그러나 앞의 1811년 작 〈교회가 있는 겨울풍경〉은 확실히 다르다. 십자가에 달린 예수 그리스도와 교회는 물리적 거리감을 넘어 영적인 괴리감을 보여 준다. 그래서 어떤 이들은 이 그림에서 프리드리히가 개신교도로서 혹시 로마 가톨릭교회에 반대하거나 대립한 것은 아닌지 의문을 제기하기도 한다.[112] 고달픈 나그네 인생, 장애의 몸으로 힘겹게 겨울 산속을 헤맨 사람에게 현실의 교회는 희미한 안개 속에 자신만의 고고한 아름다움으로 서 있어서 다다르기 힘든데 비해 십자가에 달리신 예수 그리스도는 바로 지금 내 앞에서 나를 위로하시고 내게 소망을 주신다.

십자가에 달린 예수님은 바로 내 앞에 계신데, 그의 몸인 교회는 저 멀리 높은 곳에 있다.

문득 흑인신학을 공부할 때 들었던 하나의 예화가 떠오른다. 미국 북부에 살던 한 흑인이 남부로 출장을 갔다가 주일에 교회를 찾아갔더니 흑인이라는 이유로 흑인교회에서 나가라고 쫓아내었다고 한다. 예배시간은 다 되었고 낯선 지역이라 이러지도 저러지도 못한 채 백인교회 앞마당에서 울며 기도하고 있는데, 누군가 다가와서 그의 어깨를 짚으며 말을 건넸다고 한다. "당신도 교회에서 쫓겨나셨나요? 저도 교회에서 쫓겨났습니다." 눈을 들어보니 그는 예수님이셨다는 이야기이다. 비슷한 이야기의 여러 버전들이 있는데, 역사적 진위여부를 떠나서 지적하고자 하는 바는 교회는 그리스도의 몸으로서 예수님과 같은 마음, 같은 자세, 같은 목적으로 살아야 한다는 것이다. 교회는 언제나 예수 중심의 교회, 예수를 따르는 교회가 되어야 한다.[113]

200년 전의 프리드리히가 오늘날 인권이 주장하는 장애에 대한 소외와 차별을 의식하지는 못하였을 것이다. 그러나 오늘을 사는 장애인인 내게는 그렇게도 보인다. 춥고 외로운 겨울 눈밭의 한 바위에 기대어 볼 때 교회는 눈발 속에 저 멀리 있지만, 나를 위해 십자가에 못 박혀 죽으신 예수 그리스도는 가까이 계신다. 지금도 누군가 여전히 이 험한 세상에서 이리저리 상처와 차별을 받으며 헤매고 있다. 때로는 교회에서마저 소외당하고 외면당하기도 한다.

아직까지 교회는 장애인에게 여전히 오르기 힘든 '산 위의 교회'나 '언덕 위의 교회'인지도 모른다.[114] 그러나 그것이 당연한 것은 결코 아니다. 예수 그리스도의 몸인 교회는 예수 그리스도처럼 자신을 비우고 낮추어 오를 수 없는 사람들의 자리로 내려와야 한다.

그런 의미에서 프리드리히가 비슷한 시기에 그린 또 다른 〈산중의 십자가〉(Cross in the Mountains, c. 1812)는 훨씬 더 직접적이며 감동적이다. 프리드리히가 그린 작품 가운데 〈산중의 십자가〉라는 제목이 여럿 있다. 가장 유명한 작품은 1808년에 제작한 테첸 제단화(Tetschen Altar) 〈산중의 십자가〉(Cross in the Mountains)이다. 그에 비해 지금 보는 1812년경에 그린 〈산중의 십자가〉는 교회 없이 오직 십자가만 찬란하게 빛나고 있다. 나무들 위로 하늘에도 환한 빛의 십자가가 신비하게 빛나고 있다. 십자가 아래로는 은혜의 강물이 콸콸 흘러나오고 있다. 앞서 살펴본 〈교회가 있는 겨울풍경〉이 겨울눈밭에서 마주한 고난의 십자가이자 소망의 십자가를 표현하였다면, 이 작품은 산속에서 그 자체로 빛나는 거룩한 영광의 십자가를 표현하고 있다. 이 작품은 어쩌면 산속 풍경에서 하나님의 임재와 구원과 사랑을 경험하는 가장 프리드리히적인 풍경화라 할 수 있다.

언덕 위의 교회가 보기엔 아름다워 보일지 모르지만, 클러치를 집거나 휠체어를 탄 보행 장애인에겐 접근하기가 너무나 힘들고 어렵다. 그러나 우리 곁엔 우리를 구원하기 위해서 하늘 보좌를 버리시고 이 땅에 인간의 몸으로 내려오셔서 십자가에 죽기까지 자

프리드리히, 〈**산중의 십자가**〉 (**테첸 제단화**),
1808년, 캔버스에 유채, 115×110cm, 회화미술관, 드레스덴

프리드리히, 〈**산중의 십자가**〉,
1812년경, 캔버스에 유채, 42×32cm, 슈투트가르트주립미술관, 슈투트가르트

신을 대속물로 내어주신 예수 그리스도가 있다. 그리스도는 높은 보좌를 버리시고 낮고 천한 말구유로 내려오셨는데, 왜 언덕 위의 화려한 교회는 지체장애인들에게 자꾸 올라오라고 하는 것일까? 예수 그리스도의 십자가의 사랑과 능력이라면 세상의 온갖 차별 속에서도 장애인이 살아낼 수 있으리라. 그리고 교회는 예수 그리스도의 몸으로서 장애인은 물론 모든 상처받은 이들을 따듯하게 환대하여야 한다. 교회는 그리스도의 사랑에 근거한 환대의 공동체이다.

이 세상에 빛으로 오신 분, 십자가에 죽기까지 나를 사랑하시는 분, 우리를 위하여 자기 자신을 십자가에 희생 제물로 내어주신 분, 우리의 인생의 고달픔과 서글픔을 알아주시는 분, 인생의 길을 잃고 방황할 때에 오히려 나를 찾아오시는 분, 예수 그리스도, 그는 존귀와 찬송과 영광을 받으시기에 합당하신 분이시다. 십자가에 달리신 그리스도가 나의 보물이며 자랑이다. 그러기에 그의 십자가를 아무리 높여도 늘 부족한 마음이다.

기독교 전통에서 신앙은 장애와 밀접한 관계를 가지고 있다. 구약의 율법적 전통에서 때로 장애가 죄의 결과로 오해되기도 하였지만, 신약의 복음적 전통에 따르면 장애가 신앙으로 인도하기도 하고, 신앙으로 장애를 치유하거나 극복하기도 하고, 장애를 통해 하나님의 영광을 드러내기도 하고 하나님의 일을 하게도 한다. 이 모든 것이 가능한 것은 예수 그리스도가 장애인을 사랑하기 때문이다. 하나님의 구원과 은혜에는 차별이 있을 수 없다(롬 3:22, 10:12, 갈 3:28, 골 3:11, 약 2:1, 9). 신앙이라면 차별도 감내할 수 있고 극복할 수 있으며, 철폐할 수 있고 변혁할 수 있다. 신앙은 복지보다 근원적이고 총체적이다. 신앙이 복지보다 우선하며 복지를 초월한다. 그러고 보면, 복지가 진정으로 복지되게 하는 것은 바른 신앙의 전제와 토대 위에서이다.

8

밀레이의
<눈먼 소녀>

밀레이, 〈**눈먼 소녀**〉,
1856년, 캔버스에 유채, 33×25cm, 버밍엄시티미술관, 버밍엄

8

밀레이의 <눈먼 소녀>

그림 들여다보기

이 그림은 무슨 그림일까? 그림에 대한 전반적인 분위기가 마치 한 편의 서정시를 그림으로 옮겨놓은 듯하다. 비오는 날의 수채화 같다고나 할까? 가운데 두 소녀가 있다. 그 중에 주인공이 되는 소녀는 앞을 보지 못하는 시각장애인이다. 그녀 옆에 또 한 명의 작은 소녀가 있는데, 그녀는 앞을 볼 수 있는 정안인(正眼人)이다. 그래서일까? 그녀는 함께 쓰고 있는 숄을 살짝 벗겨내며 뒤를 돌아다 보고 있다. 상대적으로 앞을 보지 못하는 소녀의 얼굴은 고스란히 정면 그대로 화폭에 담겨 있다.

주인공 시각장애인 소녀의 얼굴 표정은 어떠한가? 얼핏 보기에 창백하고 무표정하다. 보이지 않아 현실을 모르는 것일까? 세상을 초탈해서 무념무상의 표정 같기도 하다. 그런가 하면 살포시 감긴

눈은 어딘가 모르게 시각 외의 다른 감각으로 사태를 파악하거나 상황을 감지하려고 집중하는 표정 같기도 하다. 소녀의 표정은 이중적이다. 현실을 초탈한 성녀 같으면서도 또 지극히 현실적으로 불쌍한 소녀 같다. 평온 속의 희망을 품은 것 같기도 하다. 그녀의 왼손은 함께 있는 소녀의 오른손을 꼭 잡고 있는 한편, 오른손은 앉은 자리 옆에 있는 들풀을 만지작거리고 있다. 그녀는 들풀로 무엇을 느꼈을까? 또 꼭 잡은 옆의 소녀에게서 무엇을 느꼈을까?

그림의 배경을 보니 들판이다. 들녘이 온통 노란 색으로 가득 찬 것을 보니 아마도 여름에서 가을로 가는 길목이 아닐까? 물론 중간 중간 녹색의 풀들도 곁들어있다. 매우 목가적인 풍경이다. 노란 들녘에 새들도 있고 소들도 있다. 아마 까마귀와 암소인 듯. 하늘에는 검은 먹구름이 가득하다. 그런데 이 먹구름이 곧 닥쳐올 비를 머금은 것인지 아니면 이미 한바탕 소낙비가 내리고 이제 서서히 걷히는 먹구름인지 애매할 수 있다. 그러나 그 앞에 시원한 쌍무지개를 보니 후자인 듯하다. 왜냐하면 무지개는 대개 비가 그치고 난 후에 뜨기 때문이다. 비온 뒤에 떠 있는 쌍무지개라? 어딘지 모르게 밝은 미래와 희망이 느껴진다.

시각장애인 소녀는 붉은 색의 긴 치마를 입고 긴 숄을 덮어쓰고 있다. 그녀의 눈 상태가 어떠한지는 자세히 알 수 없다. 안과적인 의학적 정보로는 별 특이성을 찾아보기 어렵다.[115)] 단서가 없다면 아마 그녀는 그냥 눈을 감고 있다고 생각할 수도 있다. 그녀가 시각장애인이라는 분명한 증거는 그녀의 목에 걸고 있는 문구에 있다. 소녀의 목 아래엔 무엇인가 적혀 있다. 무엇일까? 자세히 들여다보면 '불쌍한 맹인(The Pity Blind)'이라고 적혀있다. 소녀는 항상 이 문구를 목에 걸고 다녔던 것 같다. 옆의 작은 소녀는 자주색 치마를 입고 있는데, 두 소녀의 치마는 낡아서 여기저기 해어지고 찢어지고 덕지덕지 오물이 묻어있다. 가난의 증거이다. 시각장애인 소녀의 무릎 위에는 손풍금이 놓여있다. 미루어 짐작하건대 이 소녀는 손풍금을 잘 켰으리라. 이 시대의 시각장애인들이 그러했듯이 이 소녀도 손풍금을 연주하여 생계를 이어갔을 것이다.

아무튼 이 시대에 시각장애인 소녀를 모델로 그림을 그린 화가는 누구일까? 그림 속 이 소녀는 실존 인물일까? 화가는 이 그림으로 무엇을 말하려고 한 것일까?

자연주의로 정신을 그린 밀레이

이 그림은 존 에버렛 밀레이(John Everett Millais, 1829~1896)가 그린 〈눈먼 소녀〉(The Blind Girl, 1856)이다. 밀레이는 19세기 영국을 대표하는 화가로서, 시들하던 영국의 미술계에 다시 불을 지핀 인물이다. 그는 11세에 왕립미술학원에 입학하였고, 라파엘전파(Pre-Raphaelites)를 결성하여 활동하였고, 나중에는 왕립아카데미 회장도 역임하였다. 그리하여 그 공적을 인정받아 작위를 받기까지 하였다. 존 에버릿 밀레이 경. 그는 1848년 왕립미술원의 젊은 화가 윌리엄 홀먼 헌트(William Holman Hunt, 1827~1910), 단테 가브리엘 로세티(Dante Gabriel Rossetti, 1828~1882) 등과 함께 라파엘전파를 결성하였는데, 이 화파는 그림에다 자연적이고 사실주의적 표현에 정신적이고 종교적인 내용을 결합하고자 시도하였다.

라파엘전파(Raphael前派)란 말 그대로 라파엘 이전으로 돌아가자는 취지를 담고 있다. 왜 하필이면 라파엘 이전일까? 당시 영국 왕립미술원에서는 이탈리아 르네상스의 최전성기 화가인 미켈란젤로나 라파엘로의 작품을 가장 이상적인 작품으로 여기고 그런 화풍을 추구하였다. 라파엘전파는 이제 그러한 모방 작업을 그만두고, 그 이전 시대의 미술 곧 자연에 대한 관찰과 그에 따른 사실적인 묘사, 그리고 그 안에 정신을 담은 중세 고딕 및 초기 르네상스 미술이 추구하던 화풍으로 돌아가자는 것이었다. 라파엘전파는 비단 그림만이 아니라 건축과 함께, 또 당시 낭만주의의 시와 문학과 함께 일으킨 문화계의 운동이었다.

로세티, 〈**보라, 주의 종이여**〉, 1850년, 캔버스에 유채, 72×42cm, 테이트 갤러리, 런던

라파엘전파는 그림을 현실적으로 자

연스럽게 표현하였는데, 단순히 겉모습의 모방이 아니라 그 안에 정말 중요한 정신적인 요소를 담아내고자 하였다. 이들은 먼저 종교화에서부터 사실적인 묘사와 신앙의 고양을 위해 작품 속에 담고자 하였다. 그런 화풍은 자연히 기독교 상징주의의 경향을 띄게 되었다. 이들의 대표작을 잠시 소개하면, 로세티는 〈보라, 주의 종이여〉(Ecce Ancilla Domini, 1850)에서 수태고지를 받는 마리아를 연약하면서도 그 안에 신앙을 담은 여인으로 자연스럽게 묘사하였다. 이전의 수태고지를 받는 거룩하고 초월적인 성모 마리아에 비하면 로세티의 마리아는 충격적인 고지 앞에 두려워하는 연약한 처녀이다. 밀레이는 〈부모의 집에 있는 그리스도〉 또는 〈목수의 작업장에 있는 그리스도〉(Christ in the House of His Parents or The Carpenter's Shop, 1849~1850)라 불리는 작품에서 아버지 요셉의 공방에서 일하는 소년 예수를 현실적이면서도 풍성한 신학적 의미를 담아 묘사하였다. 성서에 정확한 기록은 없지만 생각건대 충분히 현실적으로 상상 가능한 그림이다. 헌트는 〈죽음의 그림자〉(The Shadow of Death, 1870~1873)에서 십자가의 죽음을 앞두고 있는 예수 그리스도의 모습을 그렸는데, 작품 속에 기독교의 중심 내용을 고스란히 담아 묘사하였다. 이 그림 도처에 그리스도의 구원 사역에 대한 상징들이 배치되어 있다. 단적인 예로 예수님의 그림자는 뒤에 걸린 망치며 못과 함께 십자가형을 연상하게 하고, 아래에 목재에 놓인 붉은 실은 그가 십자가에서 흘린 보혈을 연상케 한다.

라파엘전파의 화가들은 미술이 삶에 지치고 피곤한 인생들에게

밀레이, 〈부모의 집에 있는 그리스도〉,
1849~1850년, 캔버스에 유채, 86×134cm, 테이트 갤러리, 런던

정신적인 위로와 소망을 불어 넣어 줄 수 있다고 생각하였다. 그래서 이들은 그림에서 사람의 영혼을 위로하고 달래주며 다시 삶에 소망과 열정을 부여하고자 하였다. 그래서일까? 그들의 그림을 보면 힘이 생긴다. 밀레이의 〈눈먼 소녀〉도 그림을 보는 사람에게 어딘지 모르게 새로운 생의 동기와 동력을 불어넣어준다. 분명 미술엔 긍정적인 힘이 있다. 사람의 지친 영혼을 위로하고, 절망한 사람들에게 희망을 넣어주고, 다시 일어설 용기와 달려갈 의미를 제공해준다.

제프리 카론손(Jeffrey Karonson)과 마노 라마찬드란(Manoj Ramachan

dran)은 밀레이의 〈눈먼 소녀〉가 어쩌면 브라우닝의 쌍무지개가 나오는 시로부터 영향을 받았을 것이라고 추정하였다.[116] 쌍무지개는 로버트 브라우닝(Robert Browning, 1812~1889)의 시극(詩劇) 〈피파 패스〉(Pippa Passes, 1841)와 쌍둥이 시 〈크라스마스-이브와 부활절-낮〉에서 언급된 것같이 구원의 징표일 수 있다. 환상적인 종교적 경험을 기술하고 있는 〈크리스마스-이브〉는 밀레이가 〈눈먼 소녀〉를 그리기 몇 년 전인 1850년에 출간되었다.

헌트, 〈**죽음의 그림자**〉,
1870~1873년, 캔버스에 유채, 214.2×168.2㎝,
맨체스터시립미술관, 맨체스터

밀레이가 사실적인 표현과 정신적인 의미를 동시에 추구하였다면, 그의 그림 속에는 그것이 종교적인 것이든 철학적인 것이든 윤리적인 것이든 분명히 그가 전하고자 하는 분명한 메시지가 들어 있다고 할 것이다. 발드리(Alfred Lys Baldry)는 이 그림이 드러내는 사고의 깊이와 또 그림의 탁월한 표현 기술 둘 다에 대해서 극친을 하였다.[117] 그럼, 이 눈먼 소녀 그림 속에는 어떤 메시지를 담고자 하였을까? 연민인가? 동정인가? 고발인가? 도전인가?

시각장애인에 대한 연민과 어글리 법

19세기 당시 영국에는 소위 '부랑죄'라고 하는 것이 있었다. 부랑죄? 18세기 영국에서는 산업혁명으로 수많은 사람들이 도시로 몰려들었다. 산업발전은 도시에 많은 노동력을 필요로 해서 시골로부터 어린이와 청소년들을 끌어올렸다. 수많은 사람들이 도시로 몰려들었으나 이를 감당할 사회적 제도는 마련되어 있지 않았다. 일요일엔 수많은 어린이와 청소년들이 거리를 배회하였고, 일자리를 잃은 부랑자들이 거리에서 노숙하였고, 여성들의 돌봄의 손길을 잃은 도시와 시골의 아이들도 거리로 내몰렸다. 당시 영국에서는 일정한 주거지 없이 떠돌아다니는 것 자체가 사회적으로 큰 문제였다. 그림 속 두 소녀도 아마 거리를 배회하는 부랑자들이었을 가능성이 크다.

소녀의 목에 걸린 'Pity the Blind'는 무슨 의미일까? 설마 시각장애인 소녀 자신이 보려고 한 것은 아닐 것이다. 쓰인 글자를 읽는다는 것 자체가 시각장애인을 위한 것이 아니라 이 시각장애인을 바라보는 비시각장애인을 위한 것이다. 그럼, 소녀는 왜 이 글자를 목에 걸었을까? 엄밀히 말해 소녀가 걸었다기보다 사회가 걸어 놓은 것이요 걸게 만든 것이다. 소녀는 거추장스럽게 이런 글자를 목에 걸 필요가 없다. 더욱이나 모욕적이고 차별적인 문구를 자원하여 목에 걸 이유가 없다. 그러나 사회의 법과 관습이 그녀로 하여금 목에 걸 수밖에 없도록 강제하였던 것이다.

이 글자를 목에 건 일은 마치 일종의 라벨링(Labeling) 작업과 같다. 물건이든 사람이든 실제 가치를 알아보기도 전에 이미 붙여놓은 라벨로 평가된다. 그리고 그 평가는 재론의 여지없이 사회적으로 영향력을 발휘하고 어느 새 사회적으로 공인을 받게 된다. 그리고 그것이 단순한 평가절하를 넘어 사회에서 인권을 침해당하고 정당한 생활을 하지 못하게 한다면, 그것은 고프만(Erving Goffman, 1922~1982)의 지적대로 사회적 낙인(Stigma)이라 할 수 있다. 시각장애인이라는 낙인으로 사회에서 열등하고 비천한 존재로, 그리하여 누군가의 도움이나 시혜 없이는 살 수 없는 존재로 규정하며, 나아가 사회적 소외와 차별조차 당연한 것으로 정당화시킨다.

이 문구는 결코 시각장애인 소녀를 위한 것이 아니다. 비시각장애인들이 이 시각장애인을 빨리 식별하기 위해서 붙여 놓은 것이다. 그들은 왜 빨리 식별하기를 원했을까? 첫째로 자신과 분리시키기 위해서다. 혹시 무슨 해라도 미칠까 자신의 건강과 안전을 염려하여 빨리 식별하고 멀리하기 위함이다. 둘째로 자신과 구별하기 위해서다. 비천한 장애인과 자신을 구별하여 자신의 신분과 존엄을 유지하기 위해서이다. 셋째로 동정과 긍휼과 자선을 베풀기 위해서이다. 그러나 아무래도 그것이 주목적인 것 같지는 않다. 선행은 은밀한 것이 좋은데(마 6:3), 자선을 베푸는 데에도 분명한 명시가 필요했던 것일까?

이것을 소위 '어글리 법'(Ugly Law)이라고 한다. 실제로 명문화된 이런 법이 있었는지는 의심스럽다. 아마도 관습법일 가능성이 크다.[118] 구약성경에 보면 나병에 걸린 사람은 동네 밖으로 격리되었는데, 혹 시내에 들어가 사람들의 곁을 지나가거나 또는 사람들이 동네 밖으로 자신들의 곁을 지나갈 때면 나는 부정한 사람이라고 큰 소리로 외쳐야 했다(레 13:45-46). 그도 그럴 것이 나병은 전염되기 쉬웠기 때문이다. 그런데 고대 근동에서 나병은 단순히 격리가 필요한 육체적 질병을 넘어서 종교·사회적으로 죄의 결과로서 부정한 것으로 취급되었다.[119] 그림은 소녀가 마치 사람들 사이에서 '나는 맹인입니다.'를 외쳐야 하는 것에 비길 수 있다.

시각장애인 소녀의 삶

여기서 정말로 주목할 것이 있다. 그것은 바로 그림 속 소녀의 삶이다. 이 그림 속 소녀는 실존인물일까? 일설에는 밀레이가 1854년 여름에 윈첼시(Winchelsea) 지방에 머무는 동안 실제로 이 소녀를 보고 그린 그림이라고 한다. 아마 그럴 것이다. 기본 모티브는 여행지에서 만난 시각장애인 소녀였을 가능성이 크다. 그러나 밀레이의 많은 작품이 그렇듯 이 작품도 아마 그의 연인이자 아내인 에피(Effie)를 모델로 삼아 수차례 아니, 수십 차례의 작업을 거쳤을 것이다. 에피는 본래 러스킨(Ruskin)의 아내였는데, 1854년에 이혼하고 1855년에 밀레이와 결혼하였다.

라파엘전파는 사실적인 묘사를 추구하였는데, 밀레이는 그의 작업의 자연스런 사실 곧 현실적인 묘사의 완성도를 높이기 위해서 모델을 그림의 주제에 부합하는 환경과 상태 속에 몰아넣곤 하였다. 밀레이는 그의 명작 〈오필리아〉를 그리기 위하여 모델 엘리자베스 시달(Elizabeth Siddal, 1829~1861, 훗날 로세티의 아내)로 하여금 깊은 물속에 그림처럼 누워있도록 수없이 요구하여 작업한 것으로 유명하다. 정일영이 말하는 희생을 강요당한 수많은 오필리아까지는 아니겠지만,[120] 이 작품 역시 아마도 모델이 비 갠 날 들녘의 시각장애인 소녀처럼 오랫동안 힘겨운 포즈를 취하여야 했을 것이다. 강요된 포즈를 통한 모델의 인물 몰입은 사회에서 강요하는 정체

밀레이, 〈오필리아〉,
1851~1852년, 캔버스에 유채, 76×112cm, 테이트 갤러리, 런던

성과 감정과 생활로 나아가게 한다.

그림 속 장애인들은 오랫동안 비장애인들의 삶의 위로와 도전과 격려를 위한 존재로서 묘사되었다. 그러나 장애인의 존재 의미가 결코 그것으로 전부는 아니다. 장애인은 비장애인 관객과 동등하게 각자의 삶을 충실하게 살아가는 고유하며 존귀한 존재이다. 그것은 그림 속에서도 마찬가지다. 그림 속 시각장애인 소녀는 목에 건 문구로 비장애인에게 자신의 존재 의미와 가치를 호소하고 있지만, 그림을 보는 비시각장애인 관람자들에게 자신의 존재를 꼭 허락받고 동의를 얻어야 하는 것은 아니다.

물론 사람은 상호의존적 존재여서 서로서로 위로와 격려를 주고받으며 산다. 또 그렇게 살아야 한다. 그것은 장애인과 비장애인의 문제가 아니라 모든 사람의 문제이다. 장애인의 존재가 비장애인에게 위로와 격려가 되기도 하지만, 또 때로는 비장애인의 존재와 삶이 장애인에게 소망과 도전이 되기도 하고, 장애인에게 다른 장애인의 존재와 삶이 위로와 격려가 되기도 한다. 이 그림 속의 눈먼 소녀는 왠지 모르게 보는 이들에게 연민을 느끼게 하는 동시에 또한 성스러움을 느끼게 한다.

그림 속 소녀의 삶은 고달프고 힘겨워 보인다. 앞을 보지 못한다는 사실 자체가 불편하고 불리한데, 사람들은 그 사실 자체를 가엽게 여긴다. 소녀는 산과 들, 풀과 꽃, 하늘과 구름 등 아름다운 자연을 볼 수 없다. 소녀의 무릎 위 손풍금은 그녀가 생계를 이어가고자 고달픈 삶을 살아가고 있음을 미루어 짐작하게 한다. 그나마 옆에 손을 잡고 있는 동생의 존재가 위로가 된다. 그래서 김선연은 이 그림에는 한 가지에 매몰된 시선을 잠시 그림으로 돌려 코르티솔 수치를 낮추는 힘, 노랗고 붉은 난색 계열을 통해서 신체 에너지를 선사하는 힘, 그리고 한 가지 더, 작은 조력자의 존재를 통해 정서적 위안을 주는 힘이 있다고 하였다.[121)]

연민, 동정, 긍휼히 여김은 귀한 덕목임에도 불구하고 또한 누군가를 대상화시킨다. 대상화는 있는 그대로 상대의 존재를 인정하고 존중한다기보다 주관자의 입장에서 자기중심으로 해석하고 평가하고자 한다. 사람들은 그녀의 불쌍한 처지를 통해서 나의 존재의 우위를 확인하고 보다 활동적이고 우월한 삶을 추구하고자 한다. 그런데 생각해 보면 그것은 성스러움도 마찬가지다. 신비, 황홀, 거룩히 여김 역시 귀한 덕목으로서 또한 누군가를 대상화시킨다. 다만 후자가 전자와 다른 것은 전자가 상대를 낮게 보고 평가절하하는 반면 후자는 높게 보고 평가 절상하여 그를 동경하고 본받고자 함에 있다. 어느 누구도 전자를 긍휼히 여길지언정 그렇게 되려고 하거나 본받으려 하지 않는다.

그림 속 소녀는 시각장애에도 불구하고 나름 주체적으로 열심히 살아가는 인물이다. 그녀는 시각은 아니더라도 다른 모든 감각을 동원하여 자연과 교감하고자 하고, 사랑하는 여동생과 교제하고자

한다. 시각장애인 소녀의 손은 자연인 들풀과 사랑하는 동생과 교감한다. 그녀는 오른손으로 들의 풀을 만지작거리고, 왼손으로 여동생의 오른손을 꼭 붙잡고 있다. 얼굴의 피부는 하늘로부터 비쳐 오는 태양의 온기와 함께 자연의 촉촉한 대기와 접촉하고 있다. 귀로는 하늘과 들녘의 새와 소의 소리를 듣고, 코로는 비갠 뒤의 축축한 흙냄새와 풀 냄새와 비 냄새를 맡고 있다. 누가 이 소녀에게 보지 못한다고 자연을 누리지 못한다고 말할 수 있을까? 이 소녀야말로 자신의 방식대로 자연과 교감하고 자연을 향유하고 있다. 나비 한 마리가 날아와 소녀의 숄 위에 앉아 있다. 소녀는 자신을 자연 속에 내어 주고 있다. 나비는 새로운 변화와 희망을 상징한다.

그림에 대해서도 마찬가지다. 나는 이 책을 쓰면서 시각장애인들에게 우선 미안하고 죄송한 마음이었다. 왜냐하면 미술이란 달리 표현하여 일종의 시각예술이기 때문이다. 특히 회화 곧 그림은 조형이나 건축에 비해 훨씬 더 시각 중심이다. 그러나 그렇다고 해서 시각장애인들이 그림을 그리지 못하거나 감상하지 못한다고 생각하는 것은 또 하나의 편견이다. 모든 시각장애인이 전맹(全盲)은 아닐뿐더러 또한 시각 외에 다른 감각을 통한 감상과 타인이나 환경을 통한 2차적인 감상도 가능하기 때문이다. 엄정순은 소위 '코끼리 만지기'(Touching an elephant) 프로젝트를 통하여 시각장애인들의 미술에로의 접근을 시도한 바 있다.[122] 때로 눈에 보이는 것보다 머릿속에 그려지는 것이 천배 만 배 더 큰 소망과 감동과 능력을 주기도 한다. 또한 시각장애를 가지고 달리 보는 가운데 새로운 미의 개념과 표현과 기술이 등장하기도 한다.

그림 속 소녀는 그녀에게 주어진 삶을 마다하지도 않고 거부하지도 않는다. 손풍금을 켜면서 생계를 이어가고 생활을 영위해 나간다. 모든 사람이 그렇다. 각자 자신에게 주어진 삶을 사는 것이다. 소녀는 자신에게 주어진 장애를 안고 최선을 다해 살아가고 있다. 그리고 인생의 어느 한순간 폭풍우가 몰려가고 새롭게 솟아오르는 가슴 벅찬 소망을 느끼고 있다. 정안인은 쉽게 쌍무지개를 보며 소망을 생각하는데, 그렇다고 해서 소녀가 소망을 느끼지 못한다고 생각하는 것은 큰 착각이자 오해이다. 소녀는 이미 여러 다양한 감각의 교감 속에서 소망과 감격에 부풀어 있다.

더글라스(Graeme Douglas)는 화가 밀레이가 그림 속 소녀의 목에 걸린 표지판을 그녀가 시각장애인임을 드러내는 용도로 사용하였다고 분석하였다. 그러나 또한 그는 그것을 넘어 소녀가 가난에도 불구하고 음악적 재능으로 상당한 수입을 올리고 있다고 추정하였다. 그는 이 그림을 매개로 당시 영국의 시각장애아동들의 교육에 대해서 언급하였다. 1841년 초기 자선단체인 가톨릭 시각장애인 협회가 리버풀에 설립되었다. 1866년에는 시각장애 소년들을 위한 중등교육 기관으로 워체스터 칼리지(Worcester College)가 문을 열었다. 더글라스는 이 그림이 장애, 인종, 성, 빈곤의 주제들과 관련하여 당시 사회적 변화와 의문을 제기하던 목소리들 중의 하나였다고 주장하였다.[123)]

이 그림은 누군가에겐 연민이고 동정이고, 누군가에겐 풍경이고 경치일 수 있다. 그러나 내게는 훨씬 더 인상적으로 장애인이 어떻게 아름다운 삶을 살 수 있을 것인가라는 질문을 던지는 것으로 보인다. 그림 속 소녀가 내게 말을 걸어온다. 이 아름다운 자연 속에서 어떻게 아름다운 삶을 살 수 있을까요? 목에 걸린 장애의 굴레를 벗고 행복한 삶을 이웃들과 나눌 수 있을까요? 당신이 사는 21세기에는 장애를 넘어서, 아니 장애를 가지고 행복한 삶을 살고 있나요?

미주

서언 : 그림에서 장애인을 만나다

1) 마이클 해트·샬럿 클롱크/전영백 외 옮김, 『미술사 방법론』(서울: 세미콜론, 2012), 37.
2) 진중권, 『교수대 위의 까치』(서울: 휴머니스트, 2009), 15-22.
3) 이진숙, 『시대를 훔친 미술』(서울: 민음사, 2015); 강명관, 『그림으로 읽는 조선 여성의 역사』(서울: 휴머니스트, 2012); 박소울, 『그림으로 읽는 숨겨진 아시아의 역사』(서울: 알에이치코리아, 2014); 김서형, 『그림으로 읽는 빅히스토리』(서울: 학교도서관저널, 2018); 릴리스, 『그림 쏙 세계사』(서울: 지식서재, 2020); 고종희, 『명화로 읽는 성서』(서울: 한길아트, 2000); 김영숙, 『성화, 그림이 된 성서』(서울: 휴머니스트 출판그룹, 2015); 정은진, 『미술과 성서』(서울: 예경, 2013); 전창림, 『명화로 여는 성경』(서울: 어바웃어북, 2017); 김현화, 『성서 미술을 만나다』(파주: 한길사, 2008); 최대열, 『어, 보인다 보여』(서울: 나눔사, 2022); 송병건, 『비주얼 경제사』(파주: 아트북스, 2015), 『세계화의 단서들』(파주: 아트북스, 2019); 문소영, 『그림 속의 경제학』(서울: 이다미디어, 2014); 정은미, 『화가는 왜 여자를 그리는가』(서울: 한길아트, 2002); 마르타 곤잘레스/김현주 옮김, 『여자, 그림으로 읽기』(서울: 예경, 2012); 이정아, 『그림 속 여자가 말하다』(서울: 영진닷컴, 2020); 전창림, 『미술관에 간 화학자』(서울: 어바웃어북, 2019); 박우찬, 『미술 과학을 탐하다』(서울: 소울, 2011); 문국진, 『질병이 탄생시킨 명화』(파주: 자유아카데미, 2008); 박광혁, 『미술관에 간 의학자』(서울: 어바웃어북, 2017) 등.
4) 앨리슨 래퍼/노혜숙 옮김, 『앨리슨 래퍼 이야기』(황금나침반, 2006), 172-181, 226-239. 래퍼는 '밀로의 비너스'를 보고 그림을 시작하여 마침내 트라팔가 광장에 그녀의 작품을 전시하였다.
5) 최대열, 『장애 조직신학을 향하여』(서울: 나눔사, 2018), 289-292 참조.
6) 데이비드 볼트/전지혜 옮김, 『장애 인문학』(서울: 학지사, 2018), 116-117. 장애 또한 충분히 아름다울 수 있으며 장애를 가진 인생 또한 아름다운 인생이 될 수 있다.
7) 이승복·김새진·이상묵 외, 『나는 멋지고 아름답다』(서울: 부키, 2010). 이 책은 장애를 이겨낸 24명의 아름다운 인생 이야기를 소개하고 있다.
8) 방귀희, 『장애인예술론』(서울: 솟대, 2019), 34-69.
9) 앞의 책, 177-184.
10) 강필, 『화가들의 인생 그림』(파주: 지식서재, 2022); 랜스 울러버/박상현 옮김, 『내 사랑 모드』(통영: 남해의봄날, 2018).

11) 정창권, 『한쪽 눈의 괴짜 화가 최북』(파주: 사계절, 2014).
12) 파트릭 데 링크/박누리 옮김, 『세계 명화 속 숨은 그림 읽기』(서울: 마로니에북스, 2007); 폴크마 에서스/김병화 옮김, 『앙리 마티스』(서울: 마로니에북스, 2022); 프리다 칼로/안진옥 옮김, 『프리다 칼로, 내 영혼의 일기』(파주: 비엠케이, 2018); 서정욱, 『프리다 칼로, 붓으로 전하는 위로』(파주: 온더페이지, 2022); 심경자, 『장애를 딛고 선 천재화가 김기창』(서울: 나무숲, 2002) 등.
13) 오혜경, 『장애인복지론』(서울: 창지사, 2006), 26-57. 개인모델, 도덕모델, 결손모델, 사회다원주의모델, 우생학모델, 낙인모델, 자본·생산성이론·상품모델, 차별모델, 분리모델, 정책부재모델, 의료모델, 사회모델, 억압모델, 다원화모델, 사회구조모델, 표준의 개발, 여성주의 모델 등이 있다; 크리스트야나 크리스티안센·시모베마스·톰 셰익스피어/김도현 옮김, 『철학, 장애를 논하다』(서울: 그린비, 2020), 13-17. 서구문화와 장애와 관련하여 세 가지 장애 모델 곧 도덕적 장애모델(Moral Model of Disability), 의료적 장애모델(Medical Model of Disability), 사회적 장애모델(Social Model of Disability)이 있다.
14) 최윤영·이경준, 『장애인복지론』(서울: 학지사, 2012), 43-46.
15) 캐롤 토머스, "장애이론: 핵심개념, 이슈, 사상가," 콜린 반스·마이클 올리버·렌 바턴/김도현 옮김, 『장애학의 오늘을 말한다』(서울: 그린비, 2017), 74-75.
16) 빌 휴스, "장애와 몸," 콜린 반스·마이클 올리버·렌 바턴/김도현 옮김, 『장애학의 오늘을 말한다』(서울: 그린비, 2017), 104-135.
17) 김도현, 『장애학의 도전』(파주: 오월의봄, 2019), 74-77.
18) 나운환, 『장애학: 통합재활적 접근』(서울: 나눔의집, 2008), 375-574. 미국, 영국, 호주, 일본, 독일의 장애범주와 재활정책을 소개하고 있다.
19) 키아라 데 카포아/김숙 올김, 『구약성서, 그림으로 읽기』(서울: 예경, 2009), 256-281. 구약성서에서는 주로 삼손과 토비트의 이야기에서 시각장애인이 등장한다; 스테파노 추피/정은진 옮김, 『신약성서, 그림으로 읽기』(서울: 예경, 2009), 210-215. 신약성서에서는 주로 예수의 치유이야기에서 지체장애인과 시각장애인이 등장한다.
20) 헤시오도스/천병희 옮김, 『신들의 계보』(고양: 숲, 2009), 41-42; 호메로스/천병희 옮김, 『오뒷세이아』(고양: 숲, 2008), 191-213; 호메로스/김성진·강경수 엮음, 『명화로 보는 오디세이아』(서울: 미래타임즈, 2018), 164-177. 관련 그림으로 Sebastiano del Piombo, 〈Polyphemus〉(1512); Giulio Romano, 〈Polyphemus〉(1526-1528); Pellegrino Tibaldi, 〈The Blinding of Polyphemus (1, 2)〉(1550-1551); Annibale Carracci, 〈Polyphemus and Acis〉(1595-1605); Nicolas Poussin, 〈Landscape with Polyphemus〉(1648); Francois Perrier, 〈Acis, Galatea, and Polyphemus〉(1645-1650); Joseph Mallord William Turner, 〈Ulysses Deriding Polyphemus〉(c. 1848); Arnold Bocklin, 〈Odysseus and Polyphemus〉(1896) 등.
21) 그 외에도 디르크 반 데르 리세(Dirck van der Lisse, 1607~1669)의 〈맹인 남자의 버프〉(Blind Man's Buff, 1635), 빌렘 반 헤르프(Willem van Herp the Elder, 1614~1677)의 〈맹인 피들러〉(The Blind Fiddler, 17c) 등.
22) 곰브리치/백승길·이종승 옮김, 『서양미술사』(서울: 예경, 2012), 473.
23) 정창권, 『역사 속 장애인은 어떻게 살았을까』(파주: 글항아리, 2011), 5-12. 〈판수〉, 〈소경문수〉, 〈판수독경〉, 〈판수 독경하는 모양〉, 〈구걸〉, 〈병신 동냥하는 모양〉 등. 김준근은 1892년 선교사 게일(James Scarth Gale, 1863~1937)을 따라 원

산에 가서 한역 『천로역정(天路歷程)』(1895)의 삽화를 맡아 그리기도 하였다.
24) 정창권, 『근대 장애인사』(서울: 사우, 2019), 302-310. 정창권은 한국의 근대 장애인사에서 미술과 관련하여 구본웅, 김기창, 이병직을 소개하였다.
25) 이유리, 『검은 미술관』(파주: 아트북스, 2011); 박광혁, 『미술관에 간 의학자』(서울: 어바웃어북, 2017); 김태권, 『불편한 미술관』(파주: 창비, 2017); 김소울, 『치유미술관』(서울: 일리, 2019); 진병관, 『위로의 미술관』(서울: 빅피시, 2022).
26) 킴 닐슨/김승섭 옮김, 『장애의 역사』(서울: 동아시아, 2020), 12-13, 30-31 참조.

1장. 리에페링스의 〈성 세바스티안의 묘지를 찾은 순례자들〉

27) 한국장애인개발원, 『장애인 관련 법령집』(서울: 장애인개발원, 2010), 113. 장애인복지법 제2조 제2항에 대한 장애인복지법 시행령에서 장애의 정도에 따라 등급을 구분하되 그 등급을 보건복지부령으로 정하였다. 장애인복지법시행규칙 별표, 113.
28) Rosa Giorgi, *The History of the Church in Art*(Los Angeles: J. Paul Getty Museum, 2008), 198.
29) 보라기네의 야코부스/윤기향 옮김, 『황금전설』(고양: 크리스찬다이제스트, 2007), 167-172; 고종희, 『명화로 읽는 성인전』(파주: 한길사, 2013), 223-227.
30) 로날트 D. 게르슈테/강희진 옮김, 『질병이 바꾼 세계의 역사』(서울: 미래의창, 2020), 37-54; 이재담, 『무서운 의학사』(서울: 사이언스북스, 2020), 26-29.
31) 고종희, 『명화로 읽는 성인전』(파주: 한길사, 2013),
32) Sandro Botticelli, 〈St. Sebastian〉(1474); Albrecht Dürer, 〈Portrait of St. Sebastian with an Arrow〉(c. 1499); Benozzo Gozzoli, 〈St. Sebastian Intercessor〉(1465~1466); El Greco, 〈St. Sebastian〉(1577~1578), 〈St. Sebastian〉(1610~1614); Matthias Grünewald, 〈St. Sebastian〉(c. 1515); Andrea Mantegna, 〈St. Sebastian〉(1459), 〈St. Sebastian〉(c. 1480); Hans Memling, 〈The Martyrdom of St. Sebastian〉(c. 1475); Pietro Perugino, 〈St. Sebastian〉(c. 1475), 〈St. Sebastian〉(c. 1495), 〈The Madonna between St. John the Baptist and St. Sebastian〉(1493); Della Francesca, 〈Polyptych of the Misericordia: Sts. Sebastian and John the Baptist〉(1445~1462); Sanzio Raffaello, 〈St. Sebastian〉(1501~1502); Guido Reni, 〈St. Sebastian〉(c. 1615), 〈St. Sebastian〉(1617~1618), Peter Rubens, 〈The Martyrdom of St. Sebastian〉(c. 1608), 〈St. Sebastian〉(c. 1614); Tintoretto, 〈St. Sebastian〉(1579~1581); Vecellio Tiziano, 〈Polyptych of the Resurrection: St. Sebastian〉(1520), 〈St. Sebastian〉(c. 1575); Paolo Veronese, 〈St. Sebastian〉(1558), 〈St. Sebastian Reproving Diocletian〉(1558), 〈Martyrdom of St. Sebastian〉(1558), 〈Martyrdom of St. Sebastian〉(c. 1565) 등.
33) Fabienne Joubert, "La tapisserie du miracle de saint Quentin au musee du Louvre, un ex-voto commande par Louis XI au jeune Josse Lieferinxe?" *Revue de l'art* 147(2005), 38-39.
34) 기독교의 전통에서 치유의 성자들의 대표는 세바스티안, 로흐, 다미안, 코스마스 등이다.

35) 로마 가톨릭교회의 역사에는 성녀 이레네(St. Irene)가 여럿 있다(Irene of Roma, Irene of Thessalonica, Irene of Portugal 등). 여기의 성녀 이레네는 로마의 성녀 이레네이다.
36) 오혜경, 『장애인복지론』 (서울: 창지사, 2006), 186.
37) 김태권, 『불편한 미술관』 (파주: 창비, 2017), 49.
38) 피에트로 알레게레티 외/이지영 옮김, 『브뢰헬』 (서울: 예경, 2010), 57. 브뢰헬의 가계도 참조.

2장. 브뢰헬의 〈맹인을 인도하는 맹인의 우화〉

39) H. Arthur Klein, *Graphic Worlds of Peter Bruegel the Elder*(New York: Dover Publications, 2014), vii-viii. 이 책은 클라인이 브뢰헬의 판화 드로잉을 편집하고 해설을 붙인 것으로 1963년에 처음 발간되었다.
40) 피에트로 알레게레티, 『브뢰헬』 (서울: 예경, 2010), 28-39.
41) Manfred Sellink, *Bruegel in Detail*(Antwerp: Ludion, 2018), 214-215. 〈어린이들의 놀이〉(Children's Games, 1560)에도 목발을 집고 등을 보이며 가는 젊은 사내가 있다.
42) 에라스무스/김남우 옮김, 『격언집』 (서울: 부북스, 2014).
43) 로제 마리 하겐·라이너 하겐/김영선 옮김, 『피테르 브뢰헬』 (서울: 마로니에북스, 2007), 36-37. 이 책에는 118개의 속담이 소개되어 있다.
44) 앞의 책, 37.
45) 손수연, "축제 이미지의 사회적 기능: 피터 브뢰헐의 〈사육제와 사순절의 전투〉 (1559)," 「미술사학」 36(2018), 35-44.
46) 피에트로 알레그레티, 『브뢰헬』, 178.
47) 로제 마리 하겐·라이너 하겐, 『피테르 브뢰헬』, 51.
48) Manfred Sellink, *Bruegel in Detail*, 82.
49) 〈교수대 위의 까치〉에 대해서는 진중권, 『교수대 위의 까치』 (서울: 휴머니스트, 2009), 97-117 참조.
50) 박광혁, 『미술관에 간 의학자』 (서울: 어바웃어북, 2017), 60.
51) 로제 마리 하겐·라이너 하겐, 『피테르 브뢰헬』, 91.
52) 피에트로 알레그레티, 『브뢰헬』, 170.
53) 피엘 드 쌩끄르 외/민희식 옮김, 『프랑스인들이 사랑하는 여우이야기』 (파주: 문학판, 2018).
54) Manfred Sellink, *Bruegel in Detail*, 84.
55) Gregory W. Rutecki, "Bosch and Bruegel: Disability in sixteenth-century art," *Pharos* 79-1(2016), 51-53.
56) Michael Marmor, "History of Ophthalmology: Ocular Pathology in The Parable of the Blind Leading the Blind and Other Paintings by Pieter Bruegel," *Survey of Ophthalmology* 47-1(2002), 58-59; Gregory W. Rutecki, "Bosch and Bruegel: Disability in sixteenth-century art," 48 참조.
57) 심상용, "브뢰헬, 개혁 여명(餘命)기의 창조적 화가(1525~1569)," 『종교개혁과 미술』 (서울: 예경, 2011), 114.
58) 송기역·백은주, 『케인, 오늘도 잘 부탁해!』 (양평: 고래이야기, 2019). 이 책은 한

소녀가 시력을 잃어가며 겪는 장애 경험과 흰 지팡이를 통해 열어가는 시각장애인으로서의 삶에 대한 자서전적인 내용을 담고 있다.

59) Lesslie Newbigin, "Not Whole without the Handicapped," *Partners in Life: The Handicapped and the Church*(Geneva: WCC Publications, 1979), 17-25.

60) 제임스 찰턴/전지혜 옮김, 『우리 없이 우리에 대한 것은 없다』(서울: 울력, 2009). Nothing About Us Without Us는 "우리의 일은 우리가 한다." 또는 "장애인 당사자주의"로 번역되기도 한다.

3장. 엘 그레코의 〈맹인을 치유하는 그리스도〉

61) 김희석, "이사야서에 나타난 장애 관련 표현의 신학적 함의," 이재서 외, 『성경과 장애인』(서울: 세계밀알, 2013), 8-28; 신앙적인 관점에서의 이 그림에 대한 자세한 설명은 최대열, 『어, 보인다 보여』(고양: 나눔사, 2022), 179-191 참조.

62) 에르빈 파노프스키/임산 옮김, 『시각예술의 의미』(파주: 한길사, 2013), 65-84.

63) 최대열, 『어, 보인다 보여』, 184-185.

64) 물론 요한복음 9장외의 다른 본문을 모티브로 한 〈예수의 맹인 치유〉 작품들도 있다. 루카스 판 레이덴은 마가복음 10장과 누가복음 18장에 기록된 여리고의 맹인 치유를 소재로 작업을 하였다. 차선민, "시각 체험의 긍정과 부정 - 루카스 판 레이덴의 〈여리고의 맹인을 치료함〉 1531"(서울대학교 석사학위논문, 2018), 12.

65) 레슬리 뉴비긴/홍병룡 옮김, 『요한복음 강해』(서울: IVP, 2001), 165-168; 레이몬드 브라운/최흥진 올김, 『요한복음 I』(서울: 기독교문서선교회, 2013), 826-827.

66) 최대열, "예수의 장애 해방 선언," 「한국조직신학논총」 17(2006), 140-174.

67) 최대열, 『성서, 장애 그리고 신학』(서울: 나눔사, 2015), 205. 예수의 장애 해방 선언은 그릇된 장애 이데올로기로부터 장애인과 비장애인 그리고 그들이 속한 공동체를 해방시킨다.

68) 김회권, 『요한복음』(서울: 복있는사람, 2020), 400-405; 램지 마이클스/전의우 옮김, 『요한복음』(서울: 성서유니온, 2016), 242-246. 마이클스는 '영적 맹인'이라고 표현하였다.

69) 최재혁, 『붓다, 장애를 말하다』(서울: 행복한책읽기, 2016), 12.

4장. 벨라스케스의 〈시녀들〉

70) 미셸 푸코/이광래 옮김, 『말과 사물』(서울: 민음사, 1997), 25-40, 353-358.

71) 정은경, 『벨라스케스 프로이트를 만나다』(파주: 한길사, 2012). 이 책은 박사학위논문을 읽기 쉽게 개정 확장한 것이다. 정은경, "벨라스케스 그림의 정신분석적 연구"(경성대학교 박사학위논문, 2010).

72) 자닌 바티클/김희균 옮김, 『벨라스케스』(서울: 시공사, 2011), 122-124.

73) 강필, 『화가들의 인생 그림』(파주: 지식서재, 2022), 134-143.

74) 케네스 클라크/엄미정 옮김, 『그림을 본다는 것』(김천: 엑스오북스, 2012), 52.

75) 송해룡, 『작은 거인 4형제와 LPK 사람들』(서울: 창해, 2001).

76) 라헐 판 코에이/박종대 옮김, 『바르톨로메는 개가 아니다』(파주: 사계절, 2005).

77) Eva Sage Gordon, "Writing Celebrity as Disability: Las Meninas, Performing Dwarfs, and Michael Jackson Fan Day," *Life Writing* 16-2(2019), 231-244.

5장. 무리요의 〈베데스다 못의 그리스도〉

78) 이 문은 본래 성전의 제물인 양을 들여오기 위해 만든 것이어서 양문(Sheep Gate)이라고 불리는데, 사자문(Lion's Gate) 또는 스데반 문(Stephen's Gate)이라고도 불린다. 아치형의 벽 옆으로 양쪽에 사자가 새겨져 있어서 '사자문'이라 하고, 스데반이 이 문으로 끌려 나와 순교를 당했다고 해서 '스데반문'이라고도 한다(행 7:58). 최대열, 『어, 보인다 보여』(서울: 나눔사, 2022), 131-132.
79) 비슬리-머리/이덕신 옮김, 『요한복음』(서울: 솔로몬, 2001), 230-231; 이상훈, 『요한복음』(서울: 대한기독교서회, 1993), 190-195; C. K. 바레트/번역실 옮김, 『요한복음 (I)』(서울: 한국신학연구소, 1984), 408. 어떤 사본에는 3절 "마른 사람들" 뒤에 "중풍병자들"(παραλυτικῦν)을 덧붙였다; 요한복음 5장 3절에 기록된 다리 저는 사람들 중의 한 사람일 수도 있다. 헬라어 콜로스(χωλός)는 다리를 절거나 또는 앉아서 생활하는 지체장애인 일반을 가리킨다(마 11:5, 15:30-32, 21:14, 눅 7:22, 14:13, 요 5:3, 행 3:2, 히 12:3).
80) S. L. Bensusan, *Murillo*(Maidstone: Crescent Moon Publishing, 2021), 29. 벤수산은 무리요의 작품에 나타난 특징과 성향을 따라 크게 1646~1652년, 1652~1656년, 1656년 이후의 3시기로 구분하였다.
81) 성모 마리아에 관한 무리요의 그림은 〈Virgin with Child〉(c. 1650); 〈Esquilache Immaculate Conception〉(1660); 〈Birth of the Virgin〉(1660); 〈Annunciation〉(1660~1665); 〈Immaculate Conception〉(1665~1670); 〈Immaculate Conception〉(1670); 〈Marriage of the Virgin〉(c. 1670); 〈Immaculate Conception〉(1670) 등이다. Web Gallery of Art(https://www.wga.hu) 참조.
82) 김병주, "바르톨로메 무리요의 성 요셉을 통해 본 17세기 스페인의 권력 구조," 「서양미술사학회논문집」 31(2009), 33-61. 김병주는 무리요의 그림에서 요셉은 성모자의 수호자, 가장이자 교육자, 가톨릭교회 최고의 성인, 가톨릭 남성 헤게모니의 상징, 근대 군주의 상징으로 부상하였다고 분석하였다.
83) 고위공, 『그림으로 성서를 읽다』(의정부: 드림북, 2019), 158-160.
84) 보다 자세한 설명들은 최대열, 『어, 보인다 보여』(서울: 나눔사, 2022), 136-140 참조.
85) 최영민, 『복지 논쟁』(서울: 풀빛, 2016), 170-199.
86) 최대열, 『성서, 장애 그리고 신학』(서울: 나눔사, 2015), 229-243.

6장. 고야의 〈정신병원의 뜰〉

87) 한국장애인개발원, 『장애인 관련 법령집』(서울: 장애인개발원, 2010), 113. 장애인복지법 제2조 제2항에 대한 장애인복지법 시행령에서 장애의 정도에 따라 등급을 구분하되 그 등급을 보건복지부령으로 정하였다. 장애인복지법시행규칙 별표, 113.

88) Rosa Giorgi, *The History of the Church in Art*(Los Angeles: J. Paul Getty Museum, 2008), 198.
88) Gustavo Fares, "Disability Aesthetics and Spatial Perspectives (in Spanish): Irrationality in Goya and Dali," *Hispanic Journal* 38-1(2017), 26.
89) 박홍규, 『저항하는 지성, 고야』 (파주: 푸른들녘, 2020), 210.
90) Peter Klein, "Insanity and the Sublime: Aesthetics and Theories of Mental Illness in Goya's Yard with Lunatics and Related Works," *Journal of the Warburg and Courtauld Institutes* 61 (1998), 198.
91) 이유리, 『검은 미술관』 (파주: 아트북스, 2018), 75.
92) Claire Ferguson, "The Lunatic of Etretat: Hysteria or Political Allegory?" *Hasta February* 21, (2023). http://www.hasta-standrews.com/features/2023/2/20/the-lunatic-of-tretat-hysteria-or-political-allegory
93) 헤겔/임석진 옮김, 『법철학』 (파주: 한길사, 2008), 54. "미네르바의 부엉이는 황혼이 깃들 무렵에야 비로소 날기 시작한다."(Die Eule der Minerva beginnt erst mit der einbrechenden Dämmerung ihren Flug.)
94) Peter Klein, "Insanity and the Sublime," 250-251. 고야의 정신병자 소묘 〈Raving Maniac〉(1824~1828)과 〈African Lunatic〉(1824~1828) 참조.
95) 김창엽, "한국 사회와 정신질환: 사회적 반응으로서의 배제," 김창엽 외, 『나는 '나쁜' 장애인이고 싶다』 (서울: 삼인, 2002), 180-181.
96) 서민경·이민화·박근우, 『사회적 낙인과 정신장애』 (파주: 양서원, 2020), 207-209.
97) 위르겐 몰트만/정종훈 옮김, 『하나님 나라의 지평 안에 있는 사회선교』 (서울: 대한기독교서회, 2000), 73-83; 몰트만의 장애신학에 관해서는 최대열, "몰트만의 장애(인)신학," 「기독교신학논총」 77(2011) 참조.
98) 정무성·양희택·노승현, 『장애인복지개론』 (파주: 학현사, 2006), 288-347.
99) 최고야·최은정, "정신장애인의 공동생활가정 거주 체험," 「정신간호학회지」 31-1(2022), 50-56.

7장. 프리드리히의 〈교회가 있는 겨울풍경〉

100) 정금희, 『프리드리히』 (서울: 재원, 2005), 5.
101) Barbara Ränsch-Trill, "Erwachen erhabener Empfindungen bei der Betrachtung neuerer Landschatsbilder-Kants Theorie des Erhabenen und die Malerei Caspar David Friedrichs," *Kant-Studien* 68-1(1977), 99.
102) 변기숙, "독일 낭만주의 철학이 회화에 미친 영향 - 카스파 다비트 프리드리히(Caspar David Friedrich) 작품을 중심으로," 「유럽문화예술학논집」 3(2011), 29-32.
103) 피터 왓슨/박병화 옮김, 『저먼 지니어스』 (파주: 글항아리, 2015), 333.
104) Nina Amstutz, *Caspar David Friedrich: nature and the self*(New Haven: Yale University Press, 2020), 58.
105) 피터 왓슨, 『저먼 지니어스』, 333.
106) Klaus Lankheit, "Caspar David Friedrich und der Neuprotestantismus," *Deutsche Vierteljahrsschrift für Literaturwissenschaft und Geistesgeschichte* 24(1950), 133-140.

107) 심광섭, 『공감과 대화의 신학』 (서울: 신앙과지성사, 2015), 863-864.
108) A. D. Harvey, "Caspar David Friedrich and Iconographies of Religious Feeling," *Critical Quarterly* 64-1(2022), 83.
109) 정금희, 『프리드리히』, 8.
110) 앞의 책, 8.
111) 이화진, "카스파르 다비트 프리드리히의 풍경화에 나타난 고딕 폐허의 양가성," 「서양미술사학회 논문집」 56(2022), 137.
112) A. D. Harvey, "Caspar David Friedrich and Iconographies of Religious Feeling," 85-86 참조.
113) 매트 챈들러·조쉬 패터슨·에릭 가이거/정성묵 옮김, 『예수 중심의 교회』 (서울: 두란노, 2013),
114) 최대열, 『성서, 장애 그리고 신학』 (서울: 나눔사, 2015), 148-176과 최대열, 『장애 조직신학을 향하여』 (서울: 나눔사, 2018), 190-217 참조.

8장. 밀레이의 〈눈먼 소녀〉

115) J. Karonson·M. Ramachandran, "The diagnosis of art: Millais' Blind Girl," *Journal of the Royal Society of Medicine* 101-11 (2008), 565.
116) 앞의 논문, 565-566.
117) Alfred Lys Baldry, *Millais*(서울: 퍼플, 2020), 34.
118) 킴 닐슨/김승섭 옮김, 『장애의 역사』 (서울: 동아시아, 2020), 177. 미국에서도 19세기 중후반에 이런 법이 있었을 것으로 보는데, 이른바 흉한 외모를 가진 사람이 공공장소에 나오는 것을 금지하는 법을 지칭하는 이 용어는 1970년대 연구자들이 만들어낸 용어로 알려져 있다.
119) Myrick C. Shinall, "The Social Condition of Lepers in the Gospels," *Journal of Biblical Literature* 137(2018): 915-934.
120) 정일영, 『내가 화가다』 (서울: 아마존의나비, 2019), 273-276.
121) 김선현, 『그림의 힘』 (파주: 에이트포인트, 2015), 34.
122) 엄정순, 『세상이 어떻게 보이세요?』 (서울: 샘터사, 2018).
123) Graeme Douglas, "Pity the blind? Hidden stories of empowerment and inclusion in John Everett Millais' The Blind Girl(1856)," *Midlands Art Papers* 3(2019/20). https://www.birmingham.ac.uk/schools/lcahm/departments/historyofart/research/projects/map/issue3/douglas-pity-the-blind.aspx

참고문헌

강명관. 『그림으로 읽는 조선 여성의 역사』. 서울: 휴머니스트, 2012.
강필. 『화가들의 인생 그림』. 파주: 지식서재, 2022.
게르슈테, 로날트/강희진 옮김. 『질병이 바꾼 세계의 역사』. 서울: 미래의창, 2020.
고위공. 『그림으로 성서를 읽다』. 의정부: 드림북, 2019.
고종희. 『명화로 읽는 성인전』. 파주: 한길사, 2013.
______. 『명화로 읽는 성서』. 서울: 한길아트, 2000.
곤잘레스, 마르타/김현주 옮김. 『여자, 그림으로 읽기』. 서울: 예경, 2012.
곰브리치/백승길·이종승 옮김. 『서양미술사』. 서울: 예경, 2012.
김도현. 『장애학의 도전』. 파주: 오월의 봄, 2019.
김병주. "바르톨로메 무리요의 성 요셉을 통해 본 17세기 스페인의 권력 구조." 「서양미술사학회논문집」 31(2009): 33-61.
김서형. 『그림으로 읽는 빅히스토리』. 서울: 학교도서관저널, 2018.
김선현. 『그림의 힘』. 파주: 에이트포인트, 2015.
김소울. 『치유미술관』. 서울: 일리, 2019.
김영숙. 『성화, 그림이 된 성서』. 서울: 휴머니스트 출판그룹, 2015.
김원영. 『실격당한 자들을 위한 변론』. 파주: 사계절, 2018.
김태권. 『불편한 미술관』. 서울: 창비, 2017.
김창엽 외. 『나는 '나쁜' 장애인이고 싶다』. 서울: 삼인, 2002.
김허경. "브뢰겔 예술의 우희(寓意)적 특성에 따른 주제 연구." 「유럽문화예술학논집」 14(2016): 89-110.
김현화. 『성서 미술을 만나다』. 파주: 한길사, 2008.
김회권. 『요한복음』. 서울: 복있는사람, 2020.
김희석. "이사야서에 나타난 장애 관련 표현의 신학적 함의." 이재서 외. 『성경과 장애인』. 서울: 세계밀알, 2013.
나운환. 『장애학: 통합재활적 접근』. 서울: 나눔의집, 2008.
뉴비긴, 레슬리/홍병룡 옮김. 『요한복음 강해』. 서울: IVP, 2001.

닐슨, 킴/김승섭 옮김. 『장애의 역사』. 서울: 동아시아, 2020.
릴리스. 『그림 쏙 세계사』. 서울: 지식서재, 2020.
마이클스, 램지/전의우 옮김. 『요한복음』. 서울: 성서유니온, 2016.
몰트만, 위르겐/정종훈 옮김. 『하나님 나라의 지평 안에 있는 사회선교』. 서울: 대한기독교서회, 2000.
문국진. 『질병이 탄생시킨 명화』. 파주: 자유아카데미, 2008.
문소영. 『그림 속의 경제학』. 서울: 이다미디어, 2014.
바레트, C. K/번역실 옮김. 『요한복음 (I)』. 서울: 한국신학연구소, 1984.
바티클, 자닌/김희균 옮김. 『벨라스케스』. 서울: 시공사, 2011.
박광혁. 『미술관에 간 의학자』. 서울: 어바웃어북, 2017.
박민수. "카스파 다비트 프리드리히의 해양풍경화와 슐라이어마허의 영향." 「해항도시문화교섭학」 9(2013): 215-241.
박소울. 『그림으로 읽는 숨겨진 아시아의 역사』. 서울: 알에이치코리아, 2014.
박우찬. 『미술 과학을 탐하다』. 서울: 소울, 2011.
박홍규. 『저항하는 지성, 고야』. 파주: 들녘, 2020.
방귀희. 『장애인예술론』. 서울: 솟대, 2019.
변기숙. "독일 낭만주의 철학이 회화에 미친 영향 - 카스파 다비트 프리드리히(Caspar David Friedrich) 작품을 중심으로." 「유럽문화예술학논집」 3(2011): 27-47.
보라기네의 야코부스/윤기향 옮김. 『황금전설』. 고양: 크리스찬다이제스트, 2007.
볼트, 데이비드/전지혜 옮김. 『장애 인문학』. 서울: 학지사, 2018.
볼프, 노르베르트/전예완 옮김. 『디에고 벨라스케스』. 서울: 마로니에북스, 2007.
브라운, 레이몬드/최흥진 옮김. 『요한복음 I』. 서울: 기독교문서선교회, 2013.
비슬리-머리/이덕신 옮김. 『요한복음』. 서울: 솔로몬, 2001.
쌩끄르, 피엘 드 외/민희식 옮김. 『프랑스인들이 사랑하는 여우이야기』. 파주: 문학판, 2018.
서민경·이민화·박근우. 『사회적 낙인과 정신장애』. 파주: 양서원, 2020.
손수연. "축제 이미지의 사회적 기능: 피터 브뢰헐의 〈사육제와 사순절의 전투〉(1559)." 「미술사학」 36(2018): 31-52.
송기역·백은주. 『케인, 오늘도 잘 부탁해!』. 양평: 고래이야기, 2019.
송병건. 『세계화의 단서들』. 파주: 아트북스, 2019.
______. 『비주얼 경제사』. 파주: 아트북스, 2015.
송해룡. 『작은 거인 4형제와 LPK 사람들』. 서울: 창해, 2001.
심광섭. 『공감과 대화의 신학』. 서울: 신앙과지성사, 2015.
______. "신학과 미술의 대화: 프리드리히 슐라이어마허와 카스파 다비트 프리드리히의 만남을 중심으로." 「신학과 세계」 67(2010): 161-190.
심상용. "브뢰헬, 개혁 여명(餘命)기의 창조적 화가(1525~1569)." 『종교개혁과 미술』. 서울: 예경, 2011.
엄정순. 『세상이 어떻게 보이세요?』. 서울: 샘터사, 2018.
알레그레티, 피에트로 외/이지영 옮김. 『브뢰헬』. 서울: 예경, 2010.
에라스무스/김남우 옮김. 『격언집』. 서울: 부북스, 2014.
엘로브스키, 조엘/정영한 옮김. 『요한복음서 1-10장』. 칠곡: 분도출판사, 2013.
오혜경. 『장애인복지론』. 서울: 창지사, 2006.
왓슨, 피터/박병화 옮김. 『저먼 지니어스』. 파주: 글항아리, 2015.
이상훈. 『요한복음』. 서울: 대한기독교서회, 1993.
이승복·김새진·이상묵 외. 『나는 멋지고 아름답다』. 서울: 부키, 2010.
이유리. 『검은 미술관』. 파주: 아트북스, 2011.
이재담. 『무서운 의학사』. 서울: 사이언스북스, 2020.
이재서 외. 『성경과 장애인』. 서울: 세계밀알, 2013.
이정아. 『그림 속 여자가 말하다』. 서울: 영진닷컴, 2020.
이진숙. 『시대를 훔친 미술』. 서울: 민음사, 2015.
이화진. "카스파르 다비트 프리드리히의 풍경화에 나타난 고딕 폐허의 양가성." 「서양미술사학회 논문집」 56(2022): 127-147.
전창림. 『미술관에 간 화학자』. 서울: 어바웃어북, 2019.
______. 『명화로 여는 성경』. 서울: 어바웃어북, 2017.
정금희. 『프리드리히』. 서울: 재원, 2005.
정무성·양희택·노승현. 『장애인복지개론』. 파주: 학현사, 2006.
정은경. 『벨라스케스 프로이트를 만나다』. 파주: 한길사, 2012.
______. "벨라스케스 그림의 정신분석적 연구." 경성대학교 박사학위논문, 2010.
정은미. 『화가는 왜 여자를 그리는가』. 서울: 한길아트, 2002.
정은진. 『미술과 성서』. 서울: 예경, 2013.
정일영. 『내가 화가다』. 서울: 아마존의나비, 2019.
정창권. 『근대 장애인사』. 서울: 사우, 2019.
______. 『한쪽 눈의 괴짜 화가 최북』. 파주: 사계절, 2014.
______. 『역사 속 장애인은 어떻게 살았을까』. 파주: 글항아리, 2011.
진병관. 『위로의 미술관』. 서울: 빅피시, 2022.
진중권. 『교수대 위의 까치』. 서울: 휴머니스트, 2009.
차선민. "시각 체험의 긍정과 부정: 루카스 판 레이덴의 〈여리고의 맹인을 치료함〉 1531." 서울대학교 석사학위논문. 2018.
찰턴, 제임스/전지혜 옮김. 『우리 없이 우리에 대한 것은 없다』. 서울: 울력, 2009.
챈들러, 매트·패터슨, 조쉬·가이거, 에릭/정성묵 옮김. 『예수 중심의 교회』. 서울: 두란노, 2013.
최고야·최은정. "정신장애인의 공동생활가정 거주 체험." 「정신간호학회지」 31-

1(2022): 47-57.
최대열. 『어, 보인다 보여』. 서울: 나눔사, 2022.
_____. 『장애 조직신학을 향하여』. 서울: 나눔사, 2018.
_____. 『성서, 장애 그리고 신학』. 서울: 나눔사, 2015.
_____. “몰트만의 장애(인)신학.” 「기독교신학논총」 77(2011): 83-110.
_____. “예수의 장애 해방 선언.” 「한국조직신학논총」 17(2006): 140-174.
최영민. 『복지 논쟁』. 서울: 풀빛, 2016.
최윤영·이경준. 『장애인복지론』. 서울: 학지사, 2012.
최재혁. 『붓다, 장애를 말하다』. 서울: 행복한책읽기, 2016.
추피, 스테파노/정은진 옮김. 『신약성서, 그림으로 읽기』. 서울: 예경, 2009.
카포아, 키아라/김숙 옮김. 『구약성서, 그림으로 읽기』. 서울: 예경, 2009.
코에이, 라헐 판/박종대 옮김. 『바르톨로메는 개가 아니다』. 파주: 사계절, 2005.
크리스타안센 크리스트야나·베마스, 시모·셰익스피어, 톰/김도현 옮김. 『철학, 장애를 논하다』. 서울: 그린비, 2020.
클라크, 케네스/엄미정 옮김. 『그림을 본다는 것』. 김천: 엑스오북스, 2012.
파노프스키, 에르빈/임산 옮김. 『시각예술의 의미』. 파주: 한길사, 2013.
푸코, 미셸/이규현 옮김. 『광기의 역사』. 파주: 나남, 2020.
________/이광래 옮김. 『말과 사물』. 서울: 민음사, 1997.
하겐, 로제 마리·하겐, 라이너/김영선 옮김. 『피테르 브뤼헬』. 서울: 마로니에북스, 2007.
한국장애인개발원. 『장애인 관련 법령집』. 서울: 한국장애인개발원, 2010.
해트, 마이클·클롱크, 샬럿/전영백 외 옮김. 『미술사 방법론』. 서울: 세미콜론, 2012.
헤겔/임석진 옮김. 『법철학』. 파주: 한길사, 2008.
헤시오도스/천병희 옮김. 『신들의 계보』. 고양: 숲, 2009.
호메로스/천병희 옮김. 『오뒷세이아』. 고양: 숲, 2008.
________/김성진·강경수 엮음. 『명화로 읽는 오디세이아』. 서울: 미래타임즈, 2018.

Amstutz, Nina. *Caspar David Friedrich: nature and the self*. New Haven: Yale University Press, 2020.
Aronson, Jeffry · Ramachandran, Manoj. “The diagnosis of art: Millais' Blind Girl.” *Journal of the Royal Society of Medicine* 101-11(2008): 564~565.
Baldry, Alfred Lys. *Millais*. 서울: 퍼플, 2020.
Bensusan, S. L. *Murillo*. Maidstone: Crescent Moon Publishing, 2021.
Douglas, Graeme. “Pity the blind? Hidden stories of empowerment and inclusion in John Everett Millais' The Blind Girl(1856).” *Midlands Art Papers* 3(2019/20). https://www.birmingham.ac.uk/schools/lcahm/departments/

historyofart/research/projects/map/issue3/douglas-pity-the-blind.aspx

Fares, Gustavo. “Disability Aesthetics and Spatial Perspectives (in Spanish): Irrationality in Goya and Dali.” *Hispanic Journal* 38-1 (2017): 11-28.

Ferguson, Claire. “The Lunatic of Etretat: Hysteria or Political Allegory?” *Hasta February* 21, 2023. http://www.hasta-standrews.com/features/2023/2/20/the-lunatic-of-tretat-hysteria-or-political-allegory

Giorgi, Rosa. *The History of the Church in Art.* Los Angeles: J. Paul Getty Museum, 2008.

Gordon, Eva Sage. “Writing Celebrity as Disability: Las Meninas, Performing Dwarfs, and Michael Jackson Fan Day.” *Life Writing* 16-2(2019): 231-244.

Harvey, A. D. “Caspar David Friedrich and Iconographies of Religious Feeling.” *Critical Quarterly* 64-1(2022): 81-95.

Joubert, Fabienne. “La tapisserie du miracle de saint Quentin au musee du Louvre, un ex-voto commande par Louis XI au jeune Josse Lieferinxe?” *Revue de l'art* 147 (2005): 29-44.

Klein, H. Arthur. *Graphic Worlds of Peter Bruegel the Elder*. New York: Dover Publications, 2014.

Klein, Peter. “Insanity and the Sublime: Aesthetics and Theories of Mental Illness in Goya's Yard with Lunatics and Related Works.” *Journal of the Warburg and Courtauld Institutes* 61 (1998): 198-252.

Lankheit, Klaus. “Caspar David Friedrich und der Neuprotestantismus.” *Deutsche Vierteljahrsschrift für Literaturwissenschaft und Geistesgeschichte* 24 (1950): 129-143.

Marmor, Michael. “History of Ophthalmology: Ocular Pathology in The Parable of the Blind Leading the Blind and Other Paintings by Pieter Bruegel.” *Survey of Ophthalmology* 47-1(2002): 55-62.

Newbigin, Lesslie. “Not Whole without the Handicapped.” *Partners in Life: The Handicapped and the Church*. Geneva: WCC Publications, 1979.

Ränsch-Trill, Barbara. “Erwachen erhabener Empfindungen bei der Betrachtung neuerer Landschaftsbilder - Kants Theorie des Erhabenen und die Malerei Caspar David Friedrich.” *Kant-Studien* 68-1(1977): 90-99.

Rutecki, Gregory W. “Bosch and Bruegel: Disability in sixteenth-century art.” *Pharos* 79-1(2016): 44-54.

Shinall, Myrick. “The Social Condition of Lepers in the Gospels.” *Journal of Biblical Literature* 137(2018): 915-934.

Sellink, Manfred. *Bruegel in Detail*. Antwerp: Ludion, 2018.